黑龍江省博物館馆藏精粹

黑龙江省博物馆 编

文物出版社

封面设计　周小玮
责任印制　张道奇
责任编辑　孙　霞　张晓曦

图书在版编目（CIP）数据

黑龙江省博物馆馆藏精粹/黑龙江博物馆编．—北京：文物出版社，2012.1
ISBN 978-7-5010-3320-1

Ⅰ．①黑…　Ⅱ．①黑…　Ⅲ．①博物馆-历史文物-黑龙江省　Ⅳ．①K872.352

中国版本图书馆CIP数据核字（2011）第223752号

黑龙江省博物馆馆藏精粹

编　　著　黑龙江博物馆
出版发行　文物出版社
地　　址　北京市东直门内北小街2号楼
邮政编码　100007
网　　址　www.wenwu.com
邮　　箱　web@wenwu.com
制版印刷　北京燕泰美术制版印刷有限责任公司
经　　销　新华书店
版　　次　2012年1月第1版第1次印刷
开　　本　787×1092　1/8
印　　张　32
书　　号　ISBN 978-7-5010-3320-1
定　　价　480.00元

序　言

黑龙江文化开放、包容、多元、融合，省博物馆藏品丰厚、门类齐全、特色突出，是中国近现代历史上建立的第一批博物馆。我们历时一年，从馆藏的数十万件藏品中，遴选出具有代表性的珍品，完成了这本《馆藏精粹》图集的编撰工作，旨在向关注黑龙江省博物馆事业的人们，展示和汇报黑龙江省博物馆藏品的精深与瑰丽。

九十年风雨沧桑，通过几代人的不懈努力，黑龙江的历史文化遗产、地域性自然标本、艺术代表作品在黑龙江省博物馆得到了系统珍藏和有效保护。本图集选录的每件藏品都是黑龙江历史的载体，是多元文化的重要组成部分，是大自然赋予的杰作。面对它们，我们不仅可以感悟黑龙江历史、人文、自然的精髓，而且还可以真实地触摸到那远去的时光。这本图集中的每一件文物都凝聚着黑龙江省博物馆人的心血，烙印着黑龙江的地域与文化特色，凸显着生活于白山黑水之间的黑龙江人民的气慨与神韵，以此铸就了黑龙江省博物馆《馆藏精粹》特有的风格与传统，并将不断推陈出新，形成系列精粹图集。

我们谨向多年来对黑龙江省博物馆关心、支持和帮助的各级领导、同仁们、朋友们表示由衷的谢意，并致崇高的敬意！

庞学臣

黑龙江省博物馆馆长、研究馆员

目　录

历史

艺术

邓散木

自然

后记

历 史 LI SHI

陶猪　新石器时代　长5.3厘米　宽3.5厘米　宁安市莺歌岭遗址出土

菱格纹筒形陶罐　新石器时代　口径11厘米　底径11厘米
高15.5厘米　密山市新开流遗址出土

三联玉璧　新石器时代　长9.4厘米　宽5厘米　尚志市亚布力遗址
出土

玉佩饰　新石器时代　长5.3厘米　宽3.2厘米　尚志市亚布力遗
址出土

玉斧　新石器时代　长8.3厘米　宽4.4厘米　依安县乌裕尔河大桥遗址出土

玉玦　新石器时代　外径9.1厘米　孔径5.5厘米　厚0.6厘米　饶河县小南山墓葬出土

玉环　新石器时代　外径5.5厘米　孔径3.5厘米　厚0.5厘米　饶河县小南山墓葬出土

玉簪　新石器时代　长10.35厘米　饶河县小南山墓葬出土

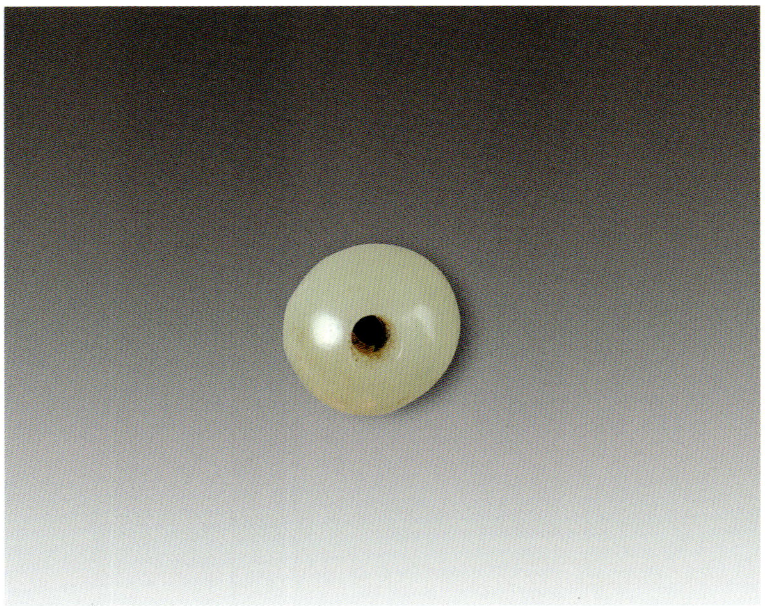

玉珠　新石器时代　底径2.9厘米　高1.3厘米　饶河县小南山墓葬出土

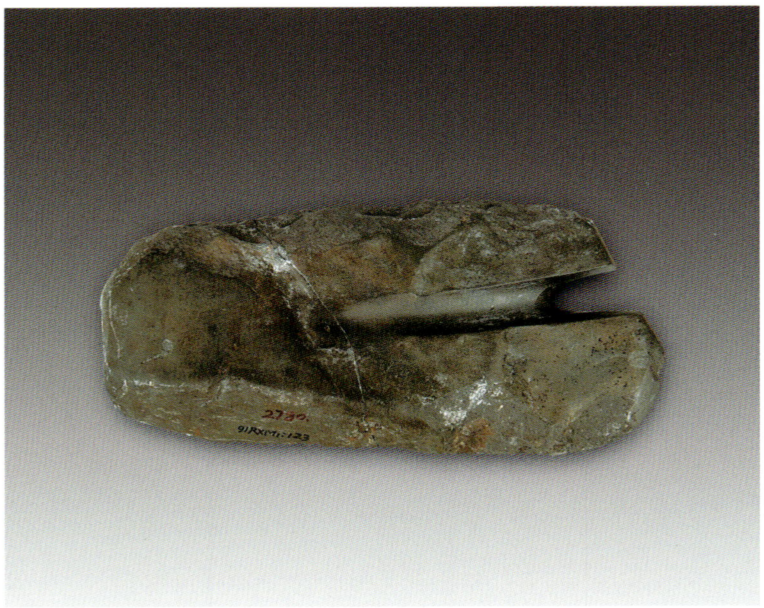

砺石　新石器时代　长23厘米　宽11.5厘米　饶河县小南山墓葬出土

桂叶形石器　新石器时代　通长25厘米　宽5.8厘米　饶河县小南山采集

骨梗石刃刀　新石器时代　通长33.5厘米　宽3.6厘米　杜尔伯特蒙古族自治县出土

双翼石镞　新石器时代　长2.8厘米　宽1厘米　齐齐哈尔市昂昂溪遗址出土

黑曜石刮削器　新石器时代　长9.5厘米　宽2.9厘米　宁安市莺歌岭遗址出土

骨雕鹰首　新石器时代　长7.3厘米　宽2.5厘米　密山市新开流遗址出土

绳纹陶鬲　青铜时代　通高34厘米　口径36厘米　肇源县白金宝遗址出土

仿桦皮器陶罐　青铜时代　高11厘米　口径8厘米　肇源县白金宝遗址出土

篦点几何纹筒形罐　青铜时代　口径6.8厘米　底径7.2厘米　高10厘米　肇源县白金宝遗址出土

篦点蛙纹圆腹陶壶　青铜时代　口径6.8厘米　底径4.5厘米　高9.5厘米　肇源县白金宝遗址出土

黑陶鬲　青铜时代　口径9.2厘米　高12.9厘米　杜尔伯特蒙古族自治县官地墓葬出土

仿皮囊陶壶　铁器时代　高14厘米　口径8厘米　富裕县小登科遗址出土

高领黄褐陶罐　铁器时代　高26厘米　口径9.5厘米　富裕县小登科遗址出土

鸭形陶壶　铁器时代　通高20.2厘米　通长20. 7厘米　口径7.5厘米　齐齐哈尔市大道三家子墓地出土

单纽陶豆　铁器时代　口径13.5厘米　底径9.6厘米　通高14厘米　东宁县大城子遗址出土

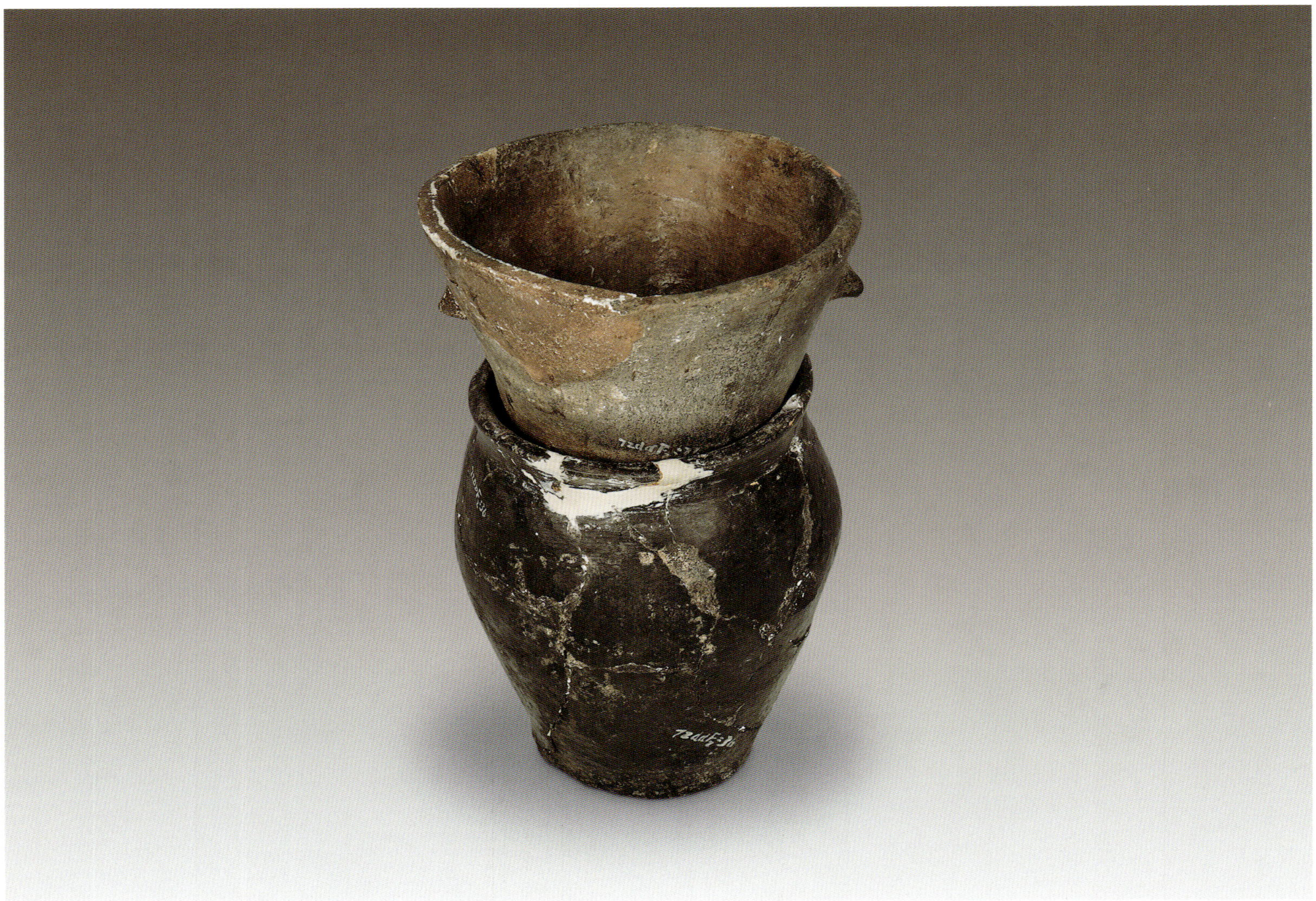

陶甑　铁器时代　陶甑口径16.3厘米　高12.3厘米　陶釜口径13.7厘米　高19厘米　东宁县大城子遗址出土

敞口陶瓮　铁器时代　口径18厘米　底径10厘米　高40厘米　双鸭山市滚兔岭遗址出土

黑陶罐　铁器时代　口径20.5厘米　底径9厘米　高34厘米　绥滨县同仁遗址出土

宝相花纹砖　唐代渤海国　边长41厘米　厚6厘米　渤海上京龙泉府遗址出土

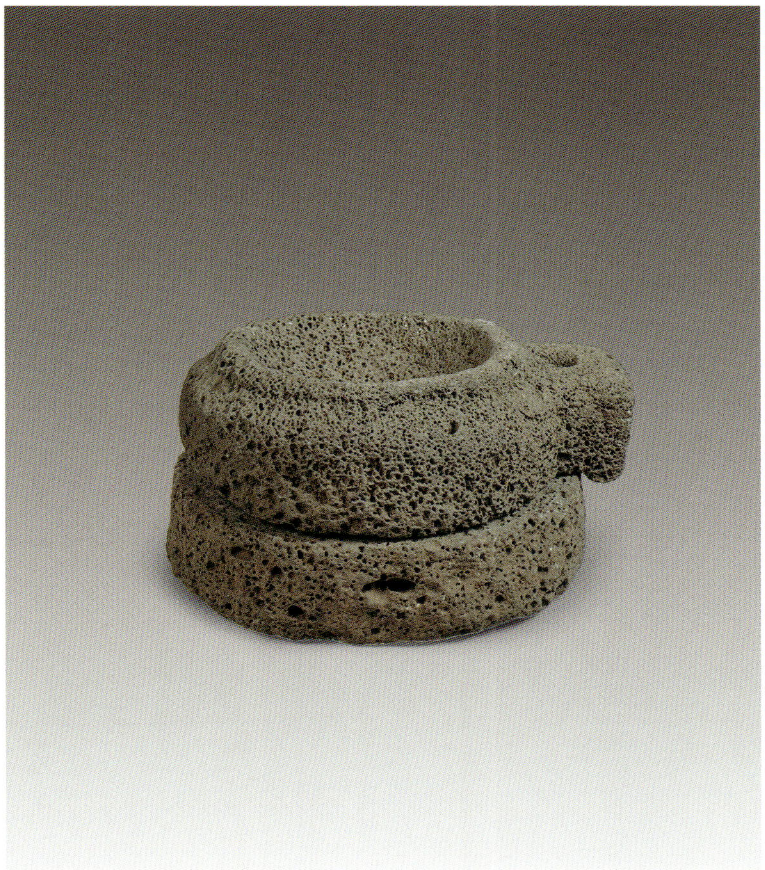

手摇石磨　唐代渤海国　下直径32厘米　厚10厘米　上直径31.5厘米　厚10厘米　渤海上京龙泉府遗址出土

天门军之印　唐代渤海国　边长5.3厘米　通高4.3厘米　渤海上京龙泉府遗址出土

舍利函　唐代渤海国　铜函两件长14.5厘米　宽8.8厘米　高8厘米　长13厘米　宽8.5厘米　高6.6厘米　银函长9.2厘米　宽5.6厘米　高5厘米　金函长8.3厘米　宽5.3厘米　高4.2厘米

骑马铜人　唐代渤海国　高5厘米　长6厘米　东宁县团结遗址出土

铜力士像　唐代渤海国　高4厘米　重25克

坐式鎏金铜佛　唐代渤海国　高9.1厘米

立式鎏金铜佛　唐代渤海国　高14厘米　重300克

铜胡人觐见跪像　唐代渤海国　高8.2厘米

骑鹅童子鎏金像　唐代渤海国　高3.5厘米

铜带铸　唐代渤海国　长8厘米　宽3厘米　东宁县大成子遗址出土

缠枝忍冬纹大型铁门饰　唐代渤海国　纵102厘米　横36厘米

铁盔　唐代渤海国　直径20厘米　高21厘米　渤海上京龙泉府遗址出土

金佛　唐代渤海国　高5厘米　宽1.3厘米
渤海上京龙泉府遗址出土

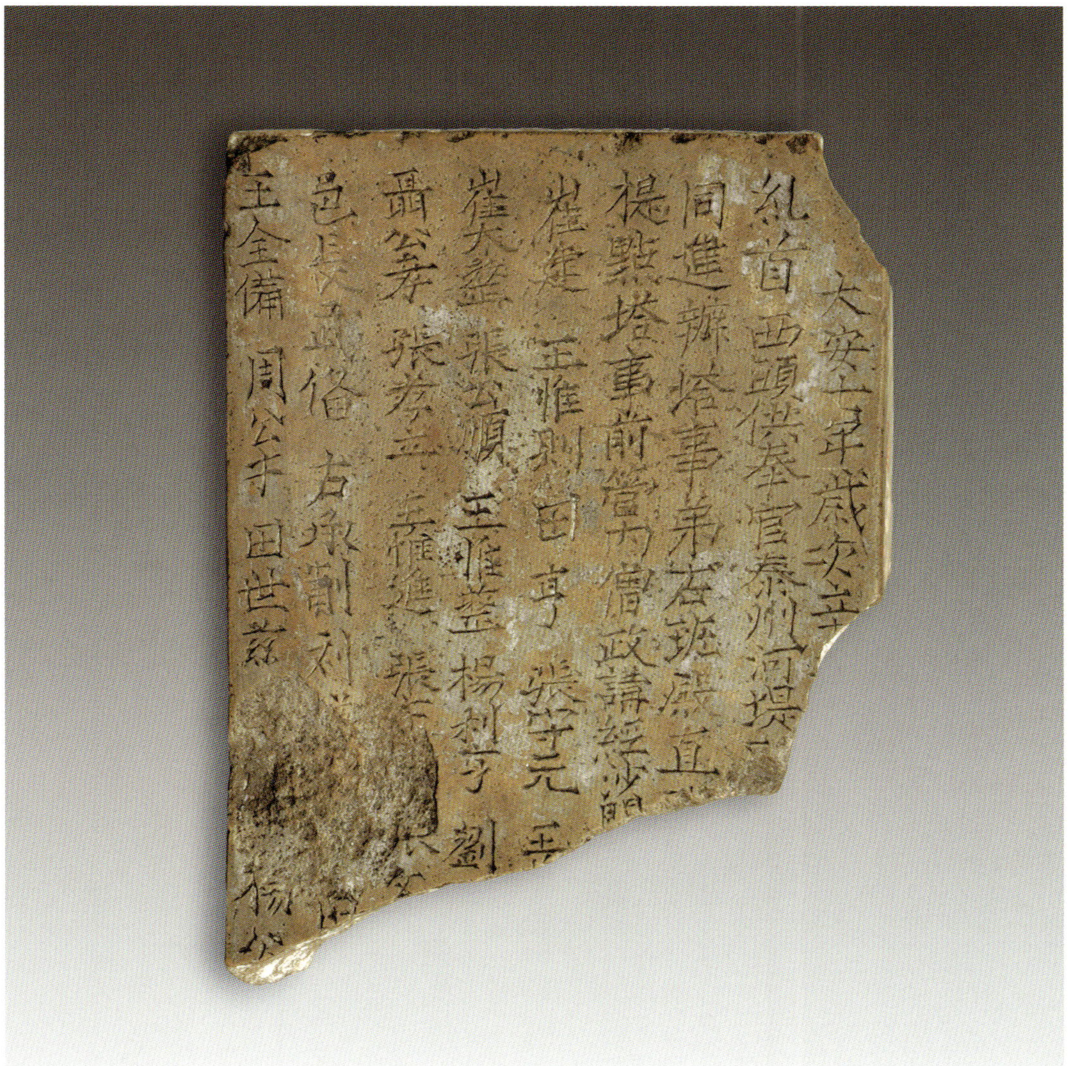

大安七年刻石　辽代　残长23.8厘米　宽17.4厘米　泰来县塔子城出土

龟形石砚　辽代　长23.5厘米　宽17厘米　泰来县塔子城出土

白釉褐花瓷枕　辽代　长26.8厘米　宽21厘米

白釉鸡冠壶　辽代　高11.7厘米

白釉瓷壶　辽代　高13.5厘米　龙江县景星乡出土

白釉葫芦瓷瓶　辽代　高26.6厘米　齐齐哈尔市梅里斯辽墓出土

三彩瓷枕　辽代　长29.5厘米　宽24.8厘米

黄釉长颈瓶　辽代　高32.8厘米

绿釉长颈瓶　辽代　高31厘米

鎏金铜带銙　辽代　纵4.6厘米　横3厘米　纵2.9厘米　横2.9厘米　绥滨县新城乡三号墓地出土

镂空铜带銙　辽代　纵4.4厘米　横4厘米　纵4.6厘米　横3.8厘米　绥滨县新城乡三号墓地出土

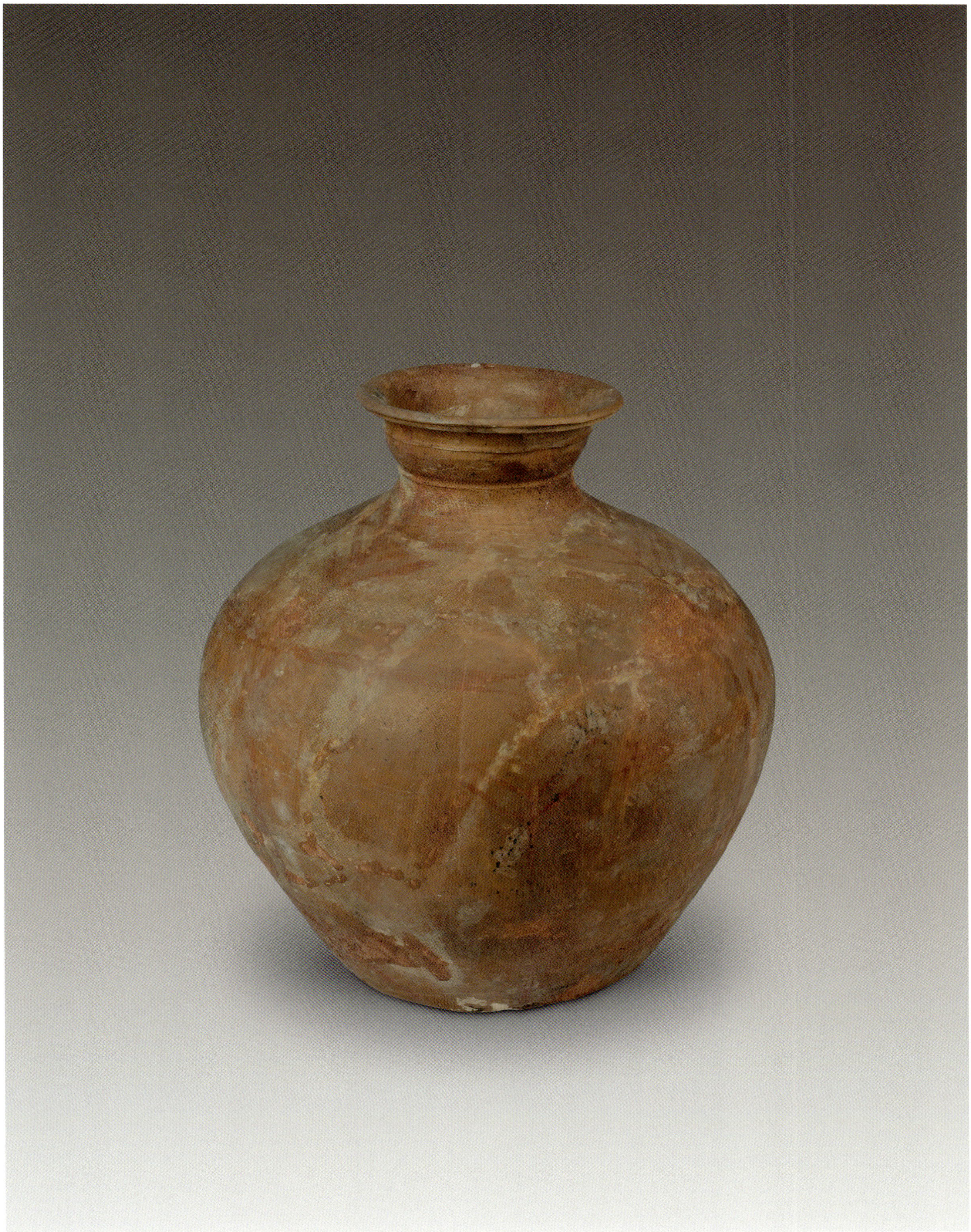

彩绘陶罐　金代　口径17.5厘米　高43厘米　绥滨县中兴金墓出土

鸡腿瓶　金代　高41厘米　口径5厘米　肇东市八里城出土

白釉褐花四系瓶　金代　高29.2厘米　口径6厘米　双城市出土

清酒肥羊四系瓶　金代　高32厘米　兰西县东风乡双榆树屯出土

耀州窑小碗　金代　口径11.8厘米　高4.8厘米　绥滨县中兴金墓出土

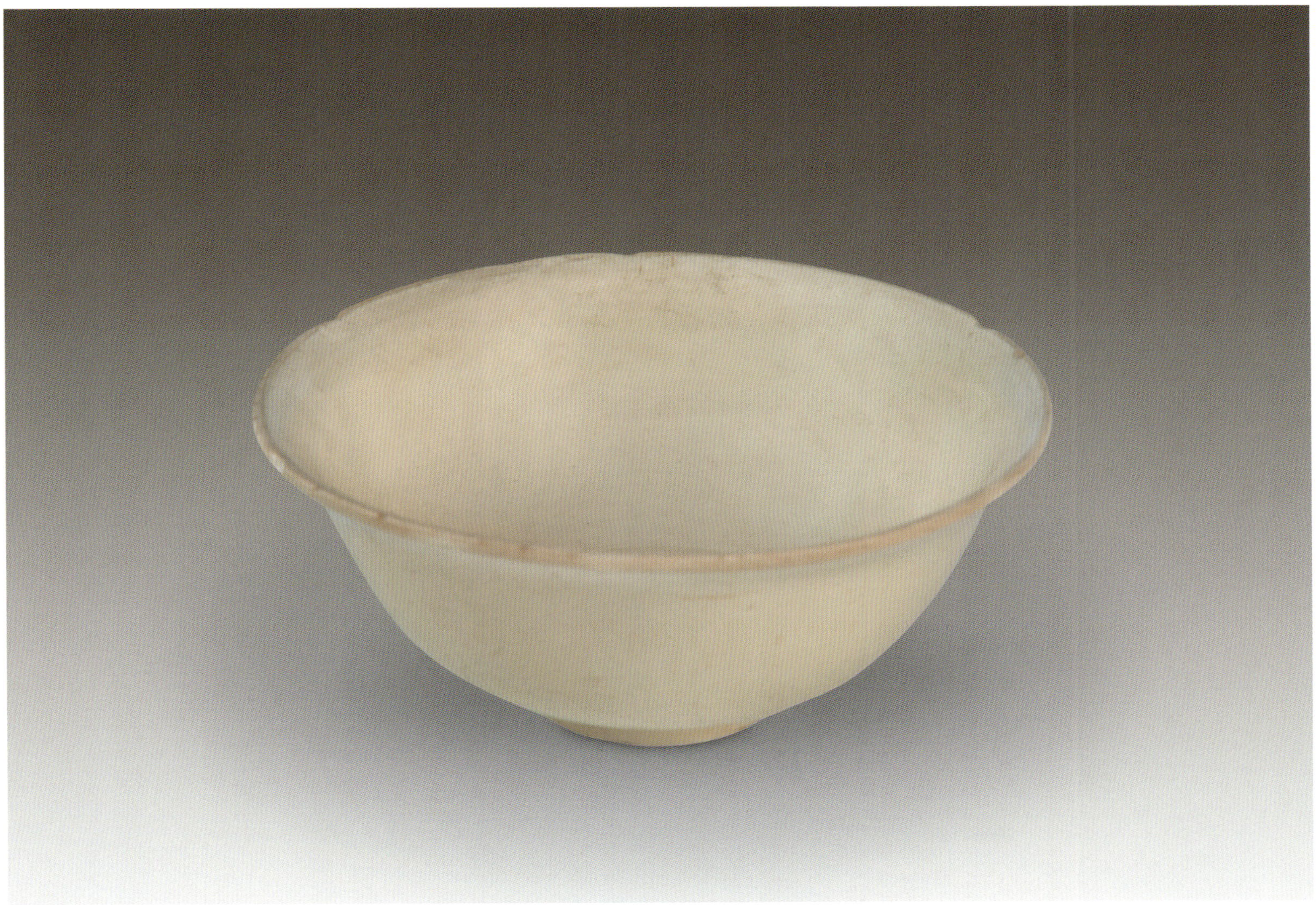

定窑小碗　金代　口径11.8厘米　高4厘米　绥滨县中兴金墓出土

玉鱼　金代　长5.7厘米　宽3厘米　绥滨县中兴金墓出土

双鹿纹玉佩　金代　高4厘米　宽4.3厘米　绥滨县奥里米金墓出土

玉人　金代　高4.9厘米　宽1.9厘米　绥滨县中兴金墓出土

石雕飞天　金代　长8.3厘米　宽6厘米　绥滨县中兴金墓出土

金镶玉耳饰　金代　鸟长4.3厘米　宽1.4厘米　哈尔滨市新香坊金墓出土

玉天鹅　金代　高2.6厘米　宽3.8厘米　哈尔滨市新香坊金墓出土

玉雕绶带鸟　金代　长6.8厘米　宽3.7厘米　哈尔滨市新香坊金墓出土

八面舞乐浮雕石幢　金代　高42.5厘米　伊春市大丰区横山屯出土

六耳大铜锅　金代　高62厘米　口径67厘米　哈尔滨市东郊出土

铜坐龙　金代　高19.6厘米　金上京会宁府遗址出土

三足铜锅　金代　口径15.6厘米　高20.1厘米　绥滨县中兴金墓出土

“得入第一重门”铜牌　金代　长19.8厘米　宽8厘米　金上京会宁府遗址出土

铜马镫　金代　高15.4厘米　宽14厘米　泰来县六合乡出土

山水双鱼人物故事铜镜　金代　直径36厘米　绥棱县出土

天马葡萄铜镜　金代　直径22厘米　金上京会宁府遗址出土

许由巢父故事铜镜　金代　直径18厘米

龙纹铜镜　金代　直径19厘米

童子攀枝铜镜　金代　直径12厘米

乐伎铜镜　金代　直径12厘米

牡丹铜镜　金代　直径11.5厘米

海兽葡萄铜镜　金代　直径13.1厘米

菊花铜镜　金代　直径9.8厘米

人物故事铜镜　金代　直径16.5厘米　五常市八家子乡出土

菱花形海船铜镜　金代　直径14.6厘米

带柄人物故事铜镜　金代　直径9厘米　克东县古城乡出土

胡里改路之印　金代　边长 6 .7厘米　高 4 .6厘米
鸡东县综合乡出土

上京路副统露字号之印　金代　边长6.5厘米　高5厘米

行军万户皋字号之印　金代　边长6.5厘米　勃利县出土

夺与古阿邻谋克之印　金代　边长6厘米

经略使司之印　金代　边长6.5厘米　宾县长安乡出土

上京路军马提控盈字号之印　金代　边长7.3厘米　海林县新安乡出土

辽东路转运司之印　金代　边长6.5厘米

勾当公事龙字号之印　金代　边长5厘米

上京路安抚副使之印　金代　边长7厘米

汉军万户之印　金代　边长6.5厘米

思忒列营仓监支纳所之印　金代　边长6.5厘米　五常县营城子出土

上京路万户王字号之印　金代　边长6.7厘米　宾县胜利乡出土

金佩铃　金代　长32厘米　哈尔滨市新香坊金墓出土

金帽顶饰件　金代　直径5厘米　哈尔滨市新香坊金墓出土

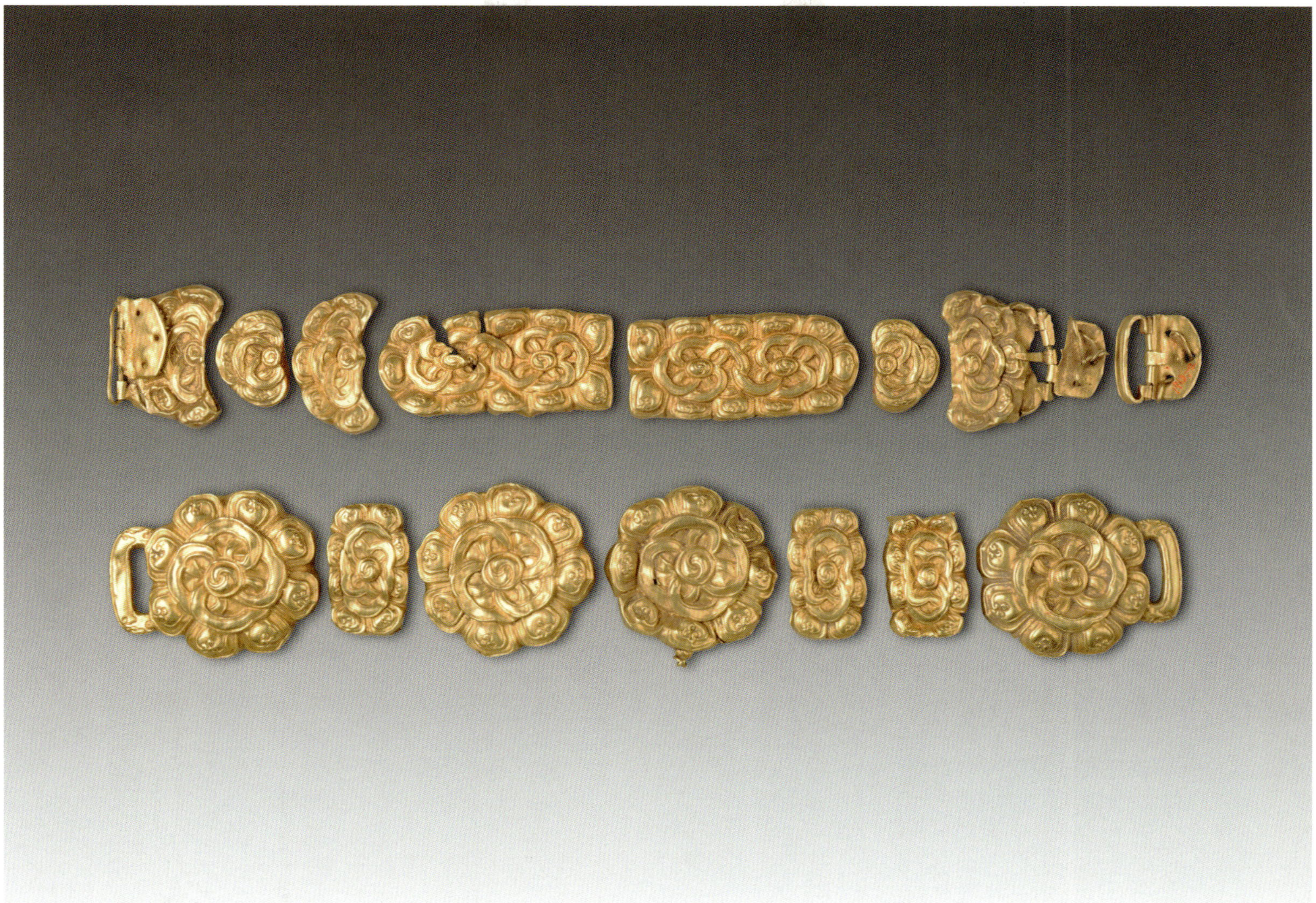

盘花金带铐　金代　通长66厘米　重363.6克　哈尔滨市阿城区半拉城出土

金凤凰　金代　长5厘米　宽3.5厘米　哈尔滨市阿城区半拉城出土

金牌　金代　残长11.5厘米　残宽3.3厘米　伊春市大丰区横山屯出土

银骨朵　金代　长137厘米　哈尔滨市新香坊金墓出土

鎏金荷花银盏　金代　高3.8厘米　口径9厘米　哈尔滨市新香坊金墓出土

鎏金银马鞍　金代　鞍桥跨度25–30厘米　哈尔滨市新香坊金墓出土

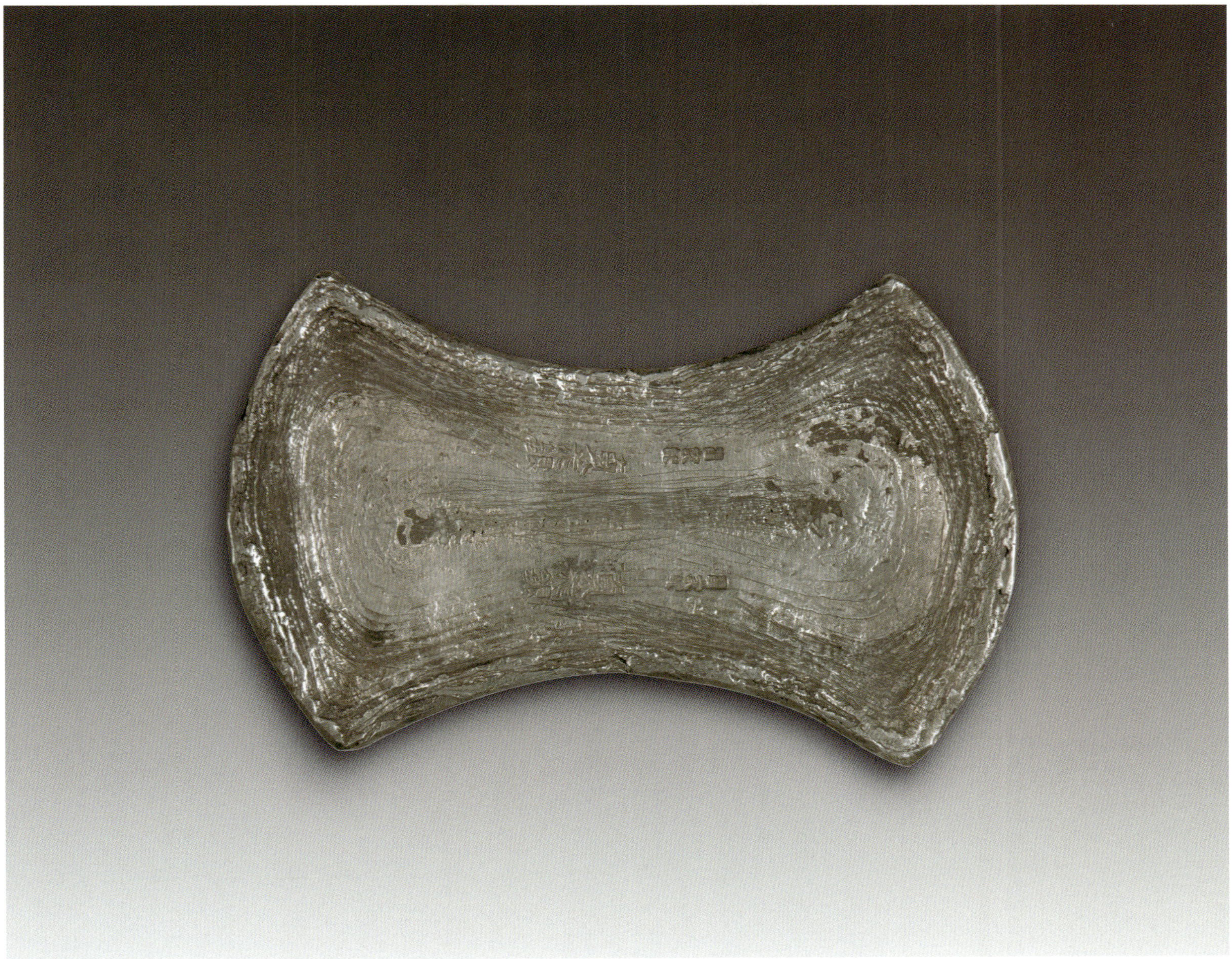

翟家记银锭　金代　长14.4厘米　重1925克　哈尔滨市阿城区巨源乡出土

银脚镯　金代　直径8厘米　绥滨县高力城子出土

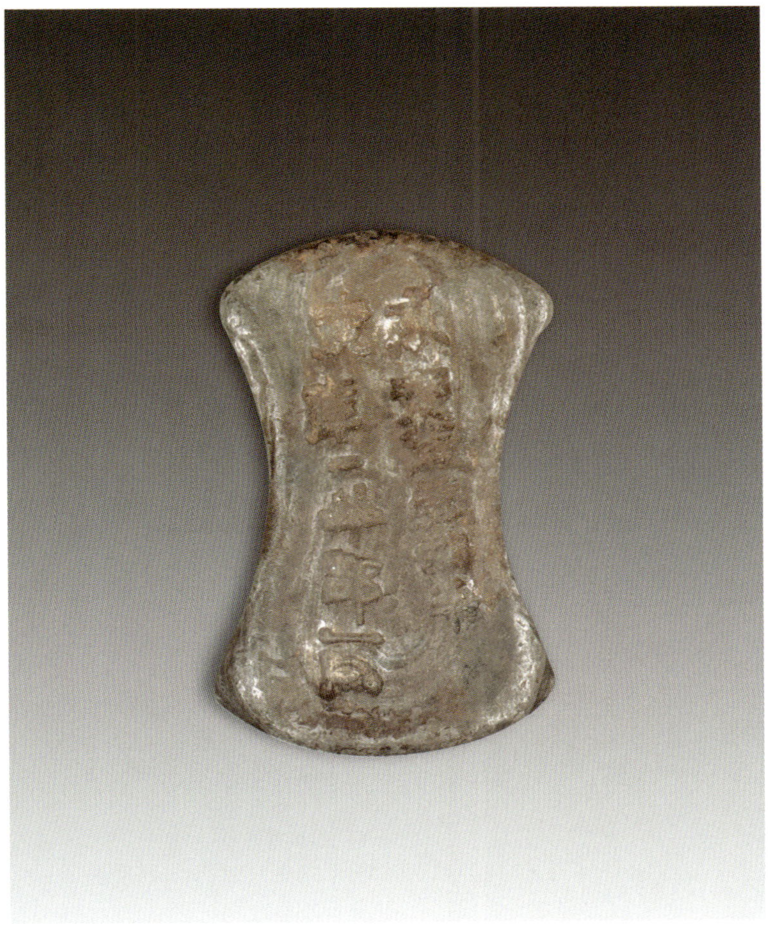

承安宝货　金代　长4.8厘米　重58.8克

皂罗垂脚幞头　金代　高13.4厘米　下垂脚带长27厘米　金代齐国王夫妻合葬墓出土

紫地云鹤金锦绵袍　金代　衣长142厘米　胸宽88厘米　金代齐国王夫妻合葬墓出土

褐地翻鸿金锦绵袍　金代　衣长135.5厘米　金代齐国王夫妻合葬墓出土

绿地忍冬云纹夔龙金锦绵袍　金代　衣长134厘米　金代齐国王夫妻合葬墓出土

褐绿地金枝梅金锦绵裙　金代　裙长100厘米　腰宽52厘米　金代齐国王夫妻合葬墓出土

绿色萱草绣鞋　金代　鞋长23厘米　高9.3厘米　金代齐国王夫妻合葬墓出土

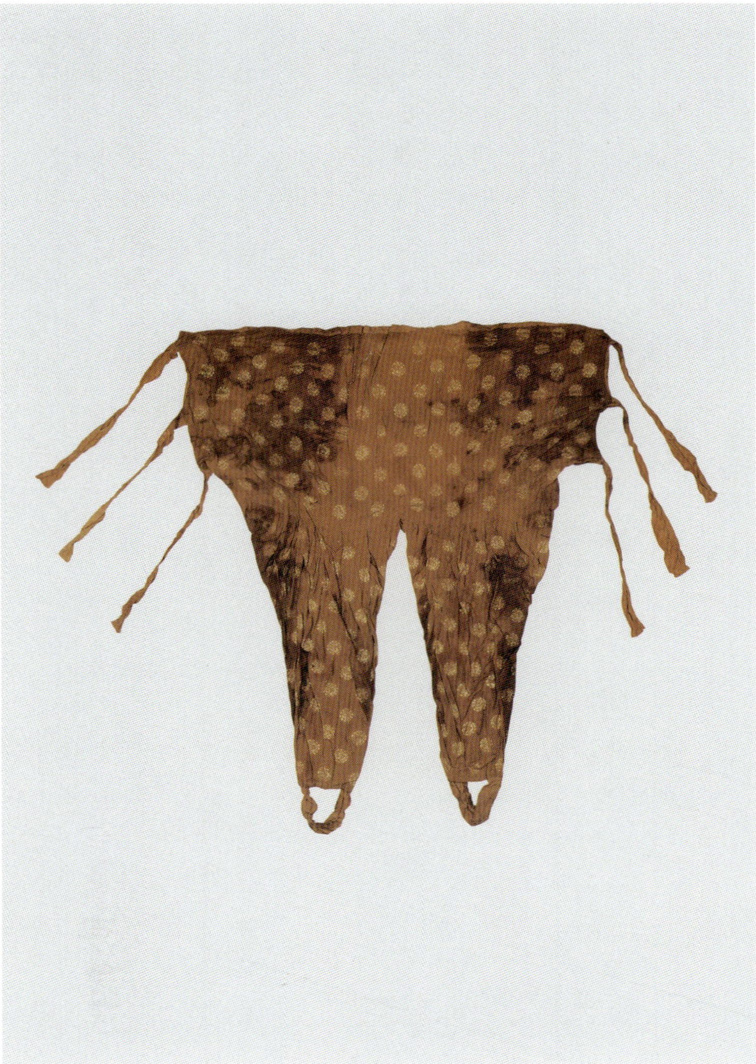

棕褐菱纹暗花罗萱草团花绣绵大口裤　金代　裤长142厘米　腰高46厘米　金代齐国王夫妻合葬墓出土

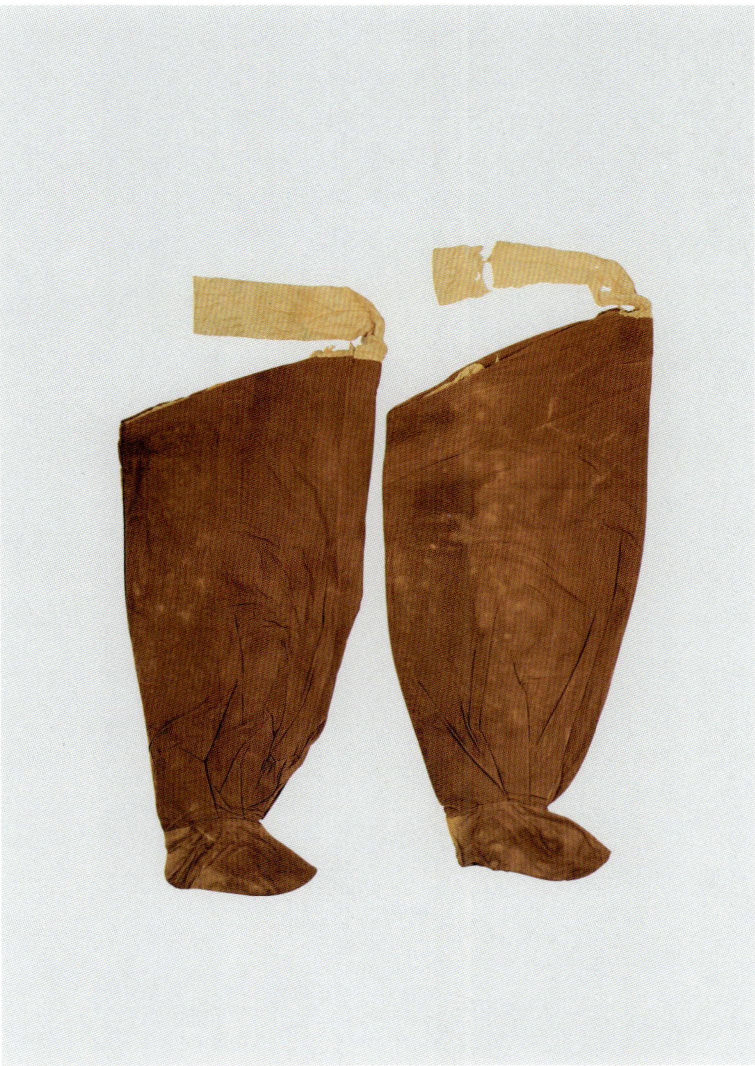

绛绢绵吊敦　金代　长76.5厘米　金代齐国王夫妻合葬墓出土

黄地散搭花金锦绵六合靴　金代　前高52.6厘米　靴长27厘米　金代齐国王夫妻合葬墓出土

素绢大口裤　金代　裤长147厘米　腰高56厘米　金代齐国王夫妻合葬墓出土

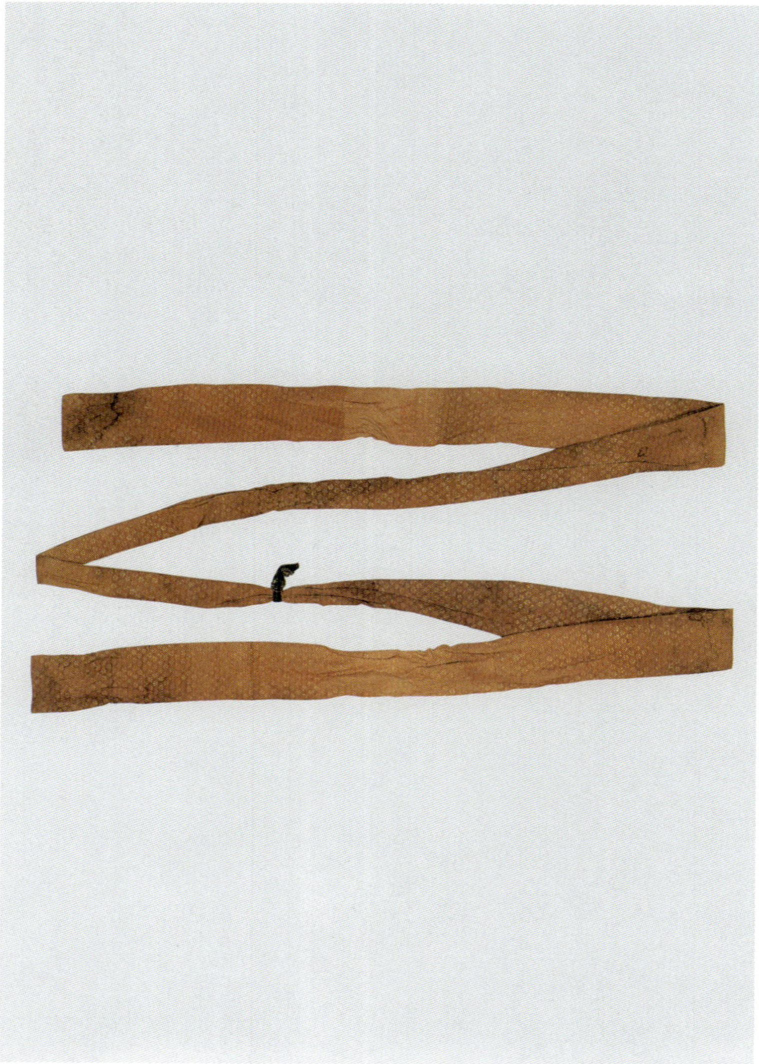

黄地朵花金锦大带　金代　带长307厘米　宽6.9厘米　金代齐国王夫妻合葬墓出土

黄地小杂花金锦袜袜　金代　袜高33.9厘米　底长26.5厘米　金代齐国王夫妻合葬墓出土

绿绢绵吊敦　金代　前长76.3厘米　后长66厘米　金代齐国王夫妻合葬墓出土

花珠冠　金代　冠高14厘米　内径17.5厘米　金代齐国王夫妻合葬墓出土

褐地朵梅鸾章金锦绵蔽膝　金代　衣长111.5厘米　胸宽60厘米　金代齐国王夫妻合葬墓出土

象牙篦　金代　大者42个齿　高4.1厘米　宽7.4厘米　小者34个齿　高3.8厘米　宽6.8厘米　金代齐国王夫妻合葬墓出土

金耳饰　金代　金代齐国王夫妻合葬墓出土

骨制骰子　金代　边长0.9厘米　宽0.7厘米　金代齐国王夫妻合葬墓出土

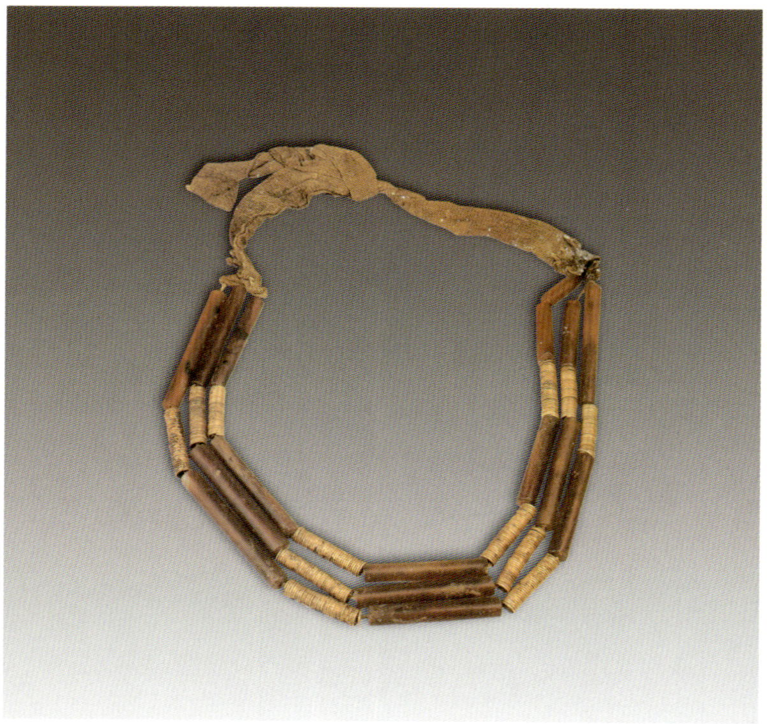

赤金红玛瑙项链　金代　周长63厘米　金代齐国王夫妻合葬墓出土

素绢佩巾系白玉菱角坠香盒　金代　金代齐国王夫妻合葬墓出土

玉具剑　金代　全长32.7厘米　金代齐国王夫妻合葬墓出土

黑釉凸白线双耳瓶　宋代　口径9厘米　底径6.2厘米　高13.5厘米

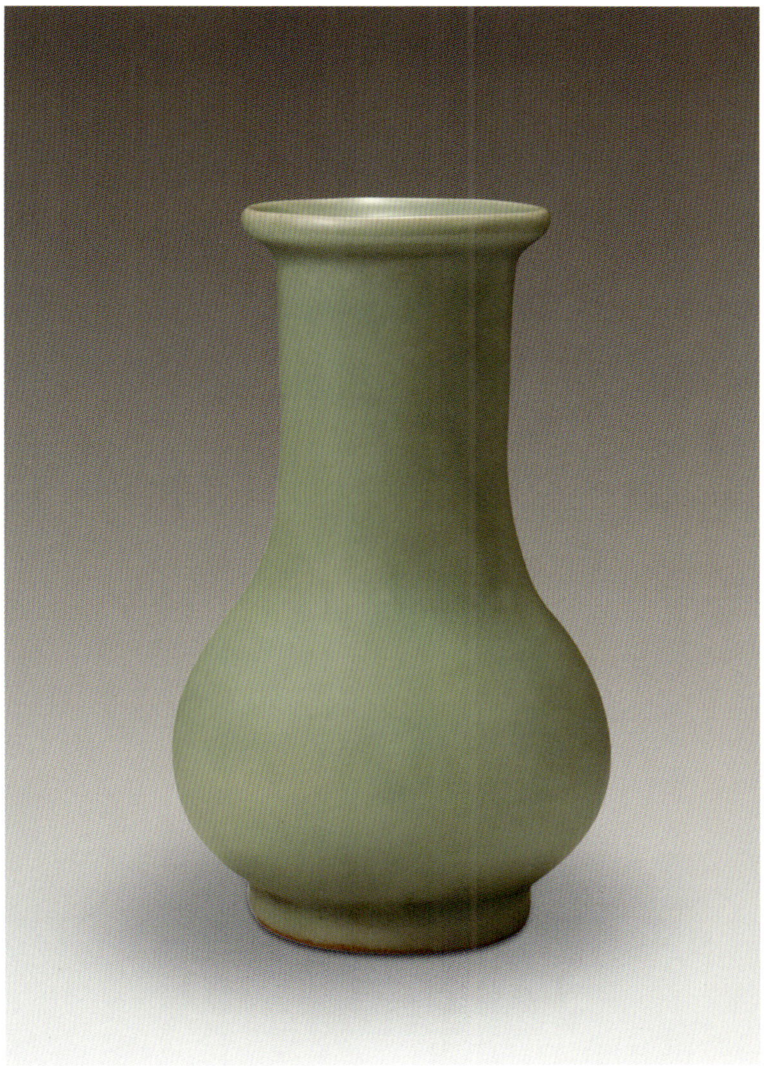

蓝绿釉胆式瓶　宋代　口径5.8厘米　底径5.4厘米　高14.8厘米

斗浆图　南宋　绢本　画心长40.6厘米　宽33.8厘米

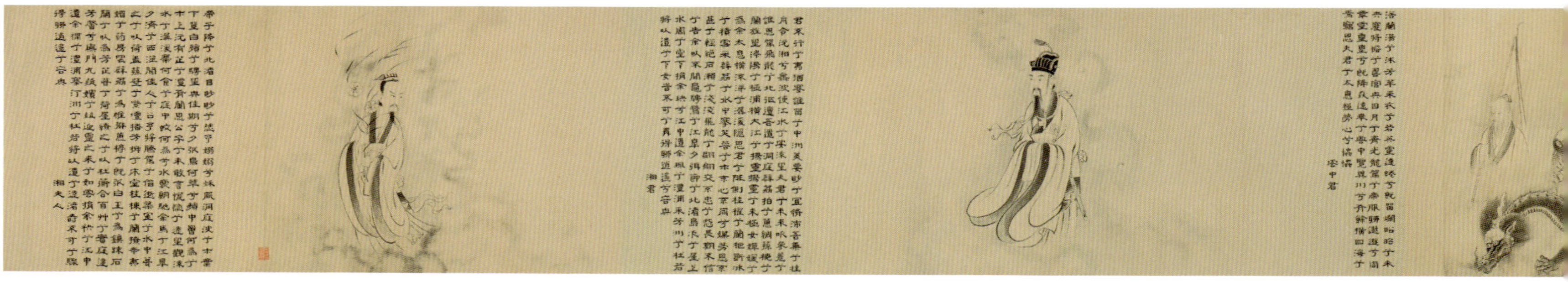

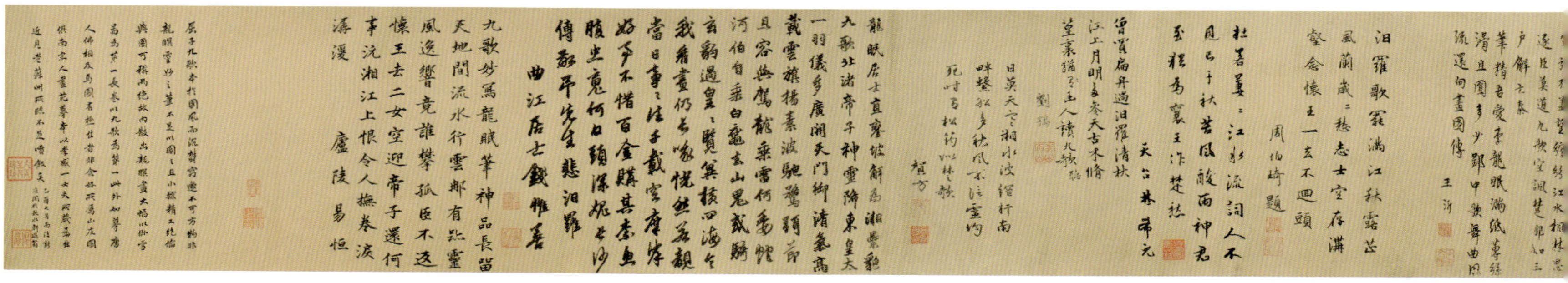

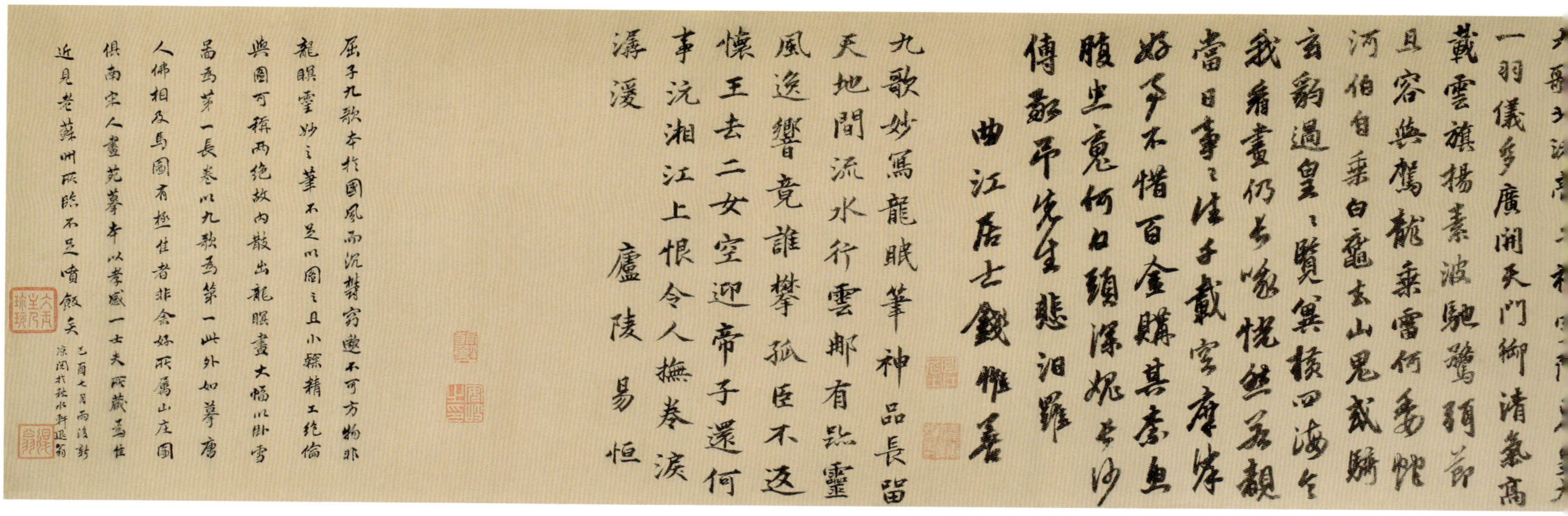

九歌图卷　南宋　画心长620.2厘米　宽30.5厘米

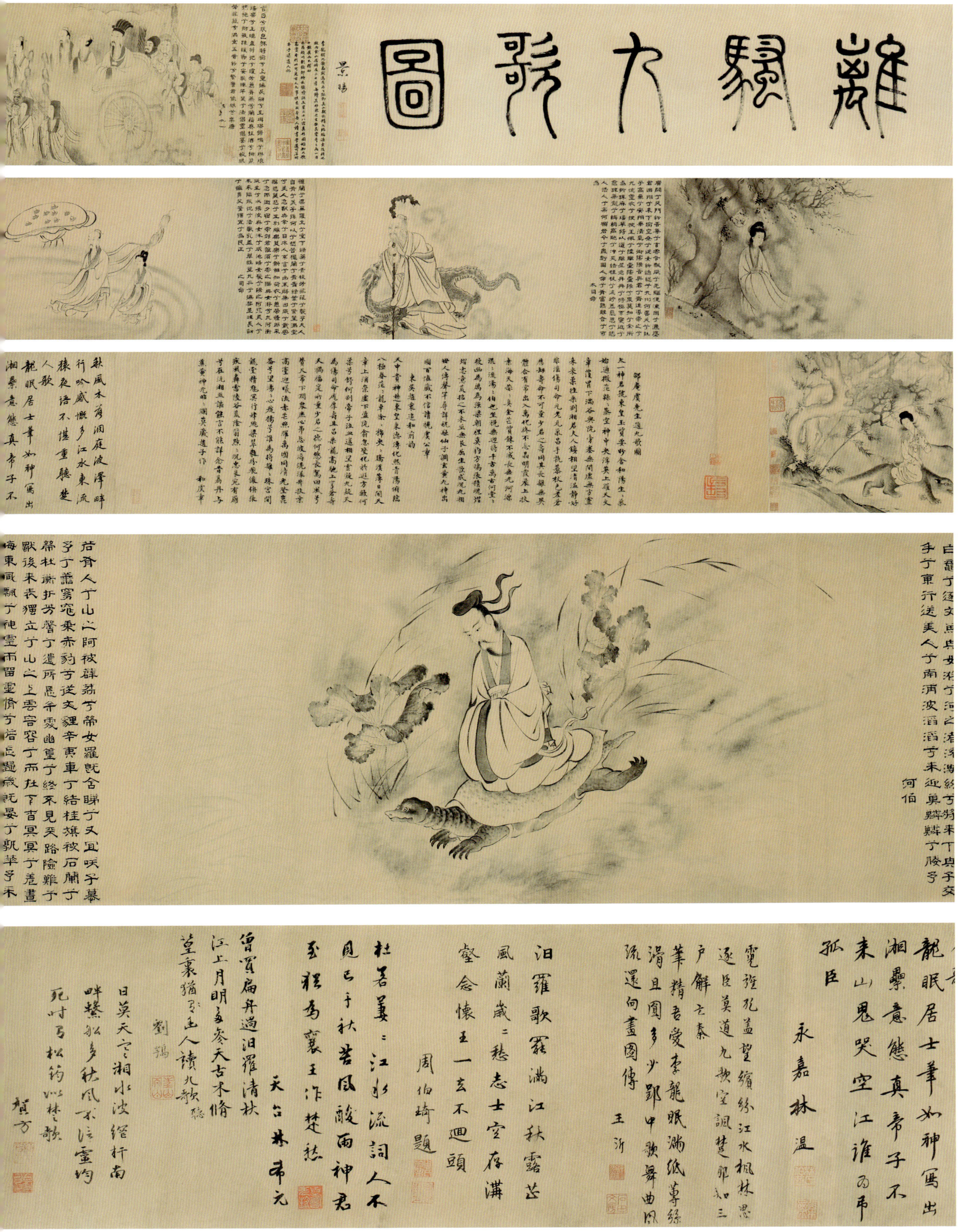
離騷九歌圖

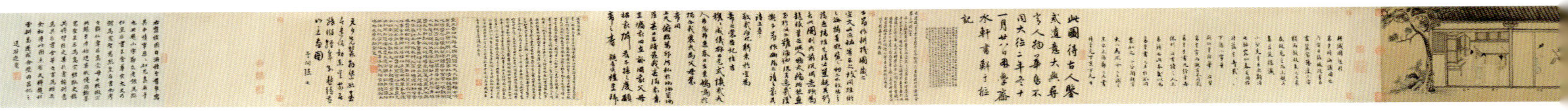

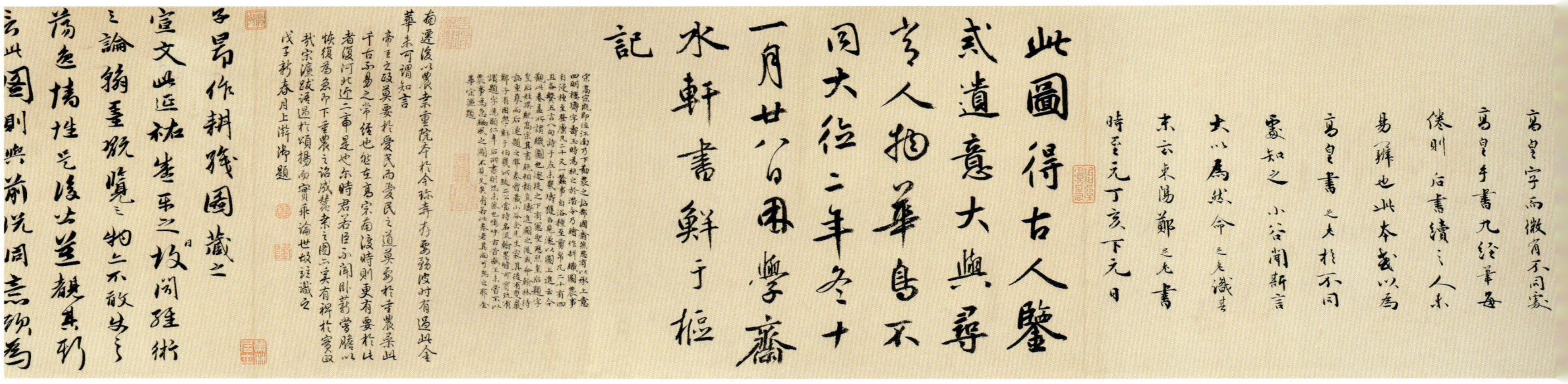

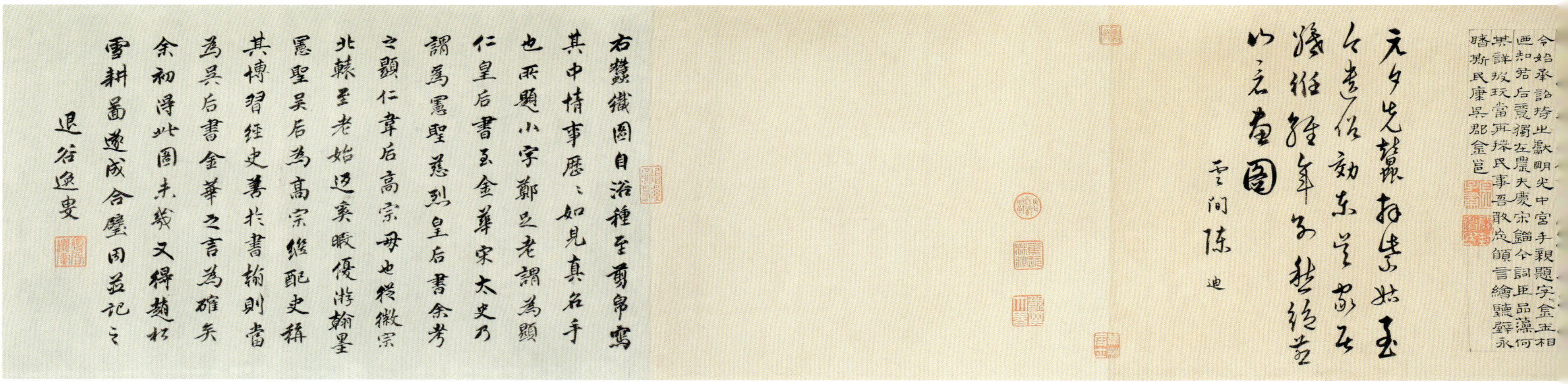

蚕织图　南宋　绢本　全长1100厘米　画心长518厘米　宽27.5厘米

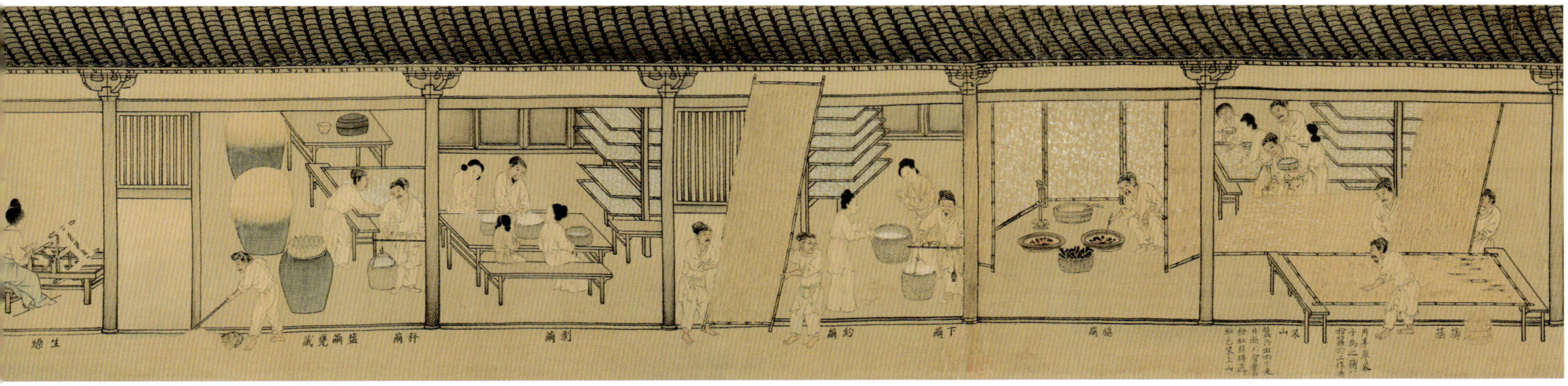

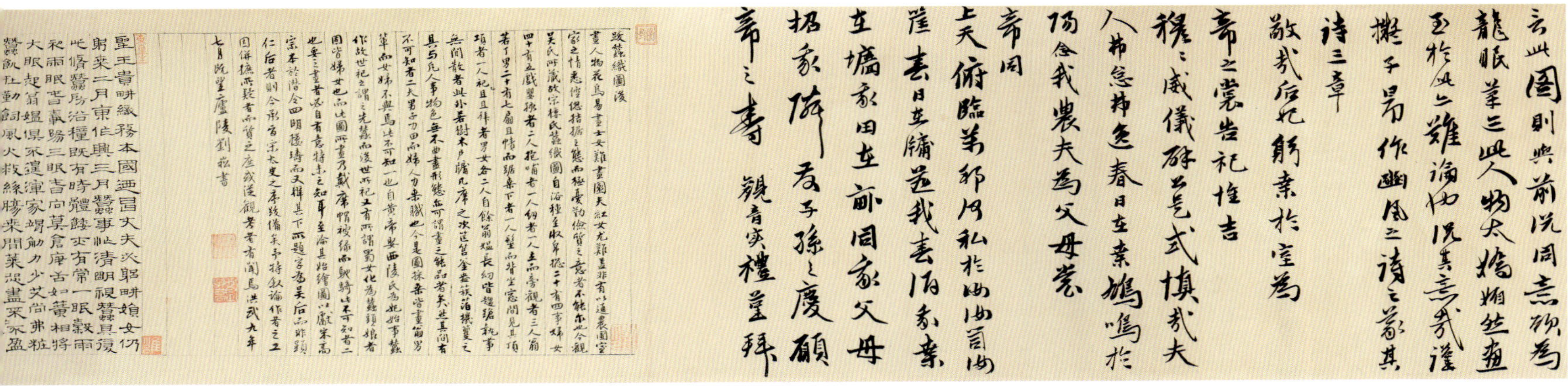

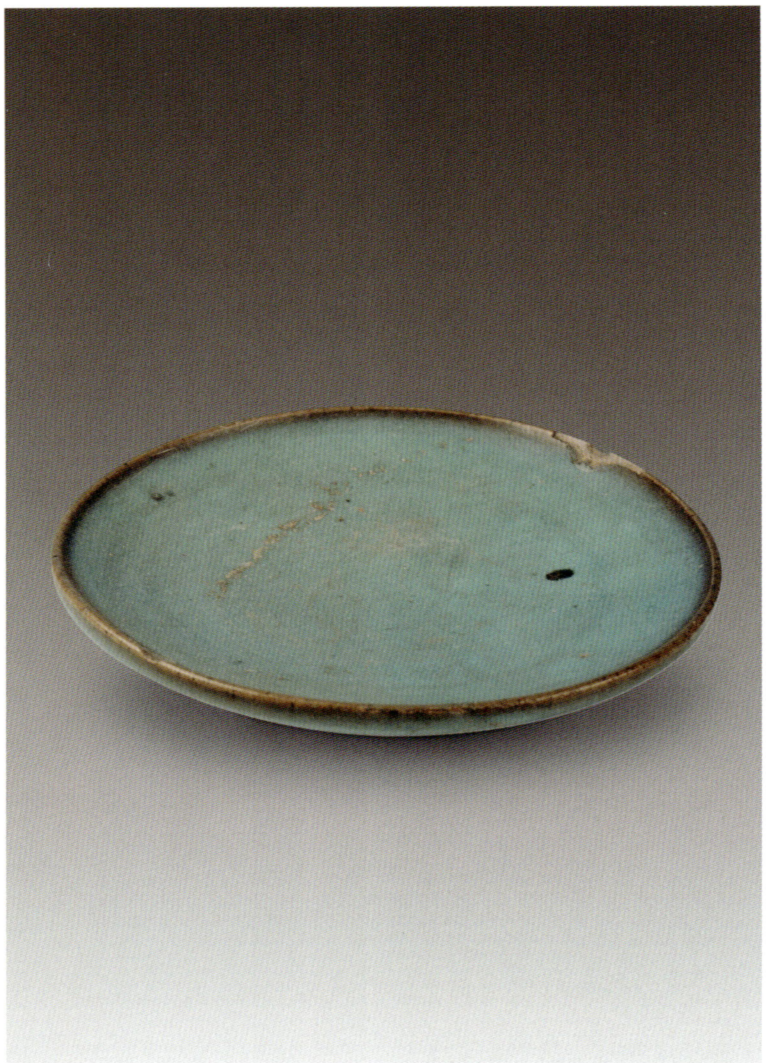

钧窑瓷盘　元代　口径16.3厘米　高3.4厘米　哈尔滨市幸福乡水田村出土

汝窑瓷杯　元代　口径10　高9.7厘米　哈尔滨市幸福乡水田村出土

龙泉窑瓷碗　元代　口径12.4厘米　高7.8厘米　哈尔滨市幸福乡水田村出土

管民千户之印　元代　边长7厘米　宝清县出土

扬州元宝　元代　长13.2厘米　宽9厘米　阿城区大岭乡出土

一路连科纹浮雕铜洗　元代　口径42厘米　高8.9厘米

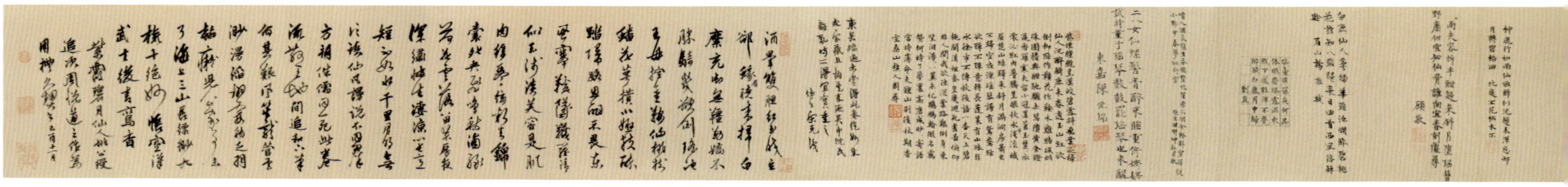

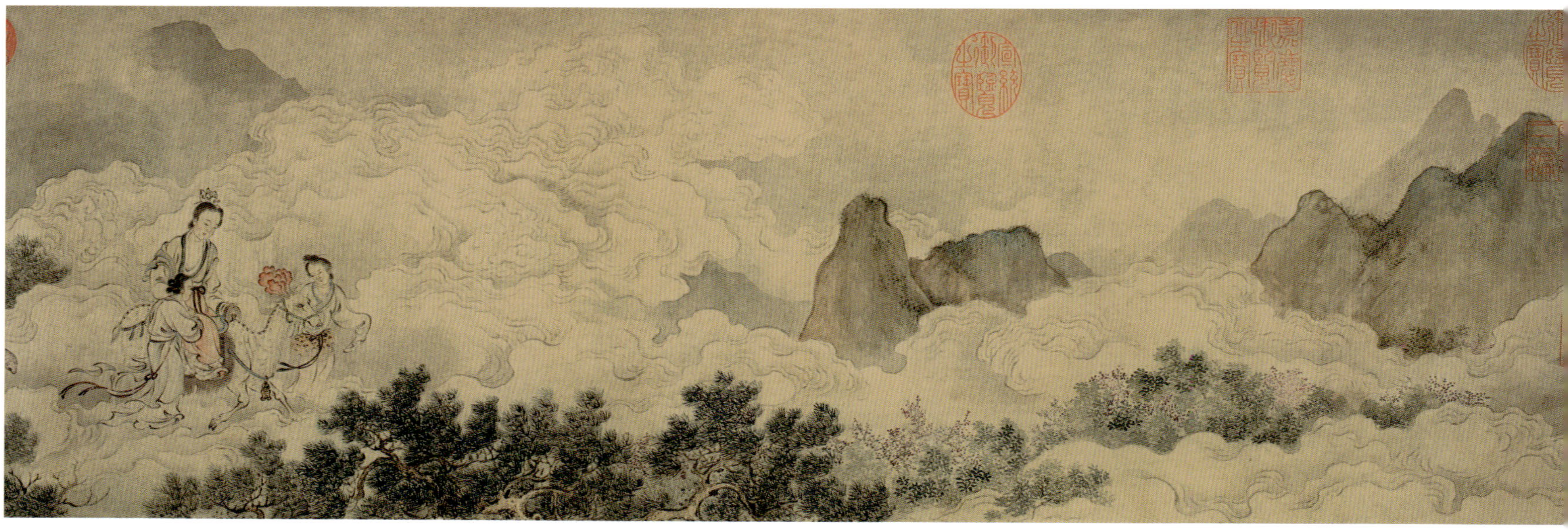

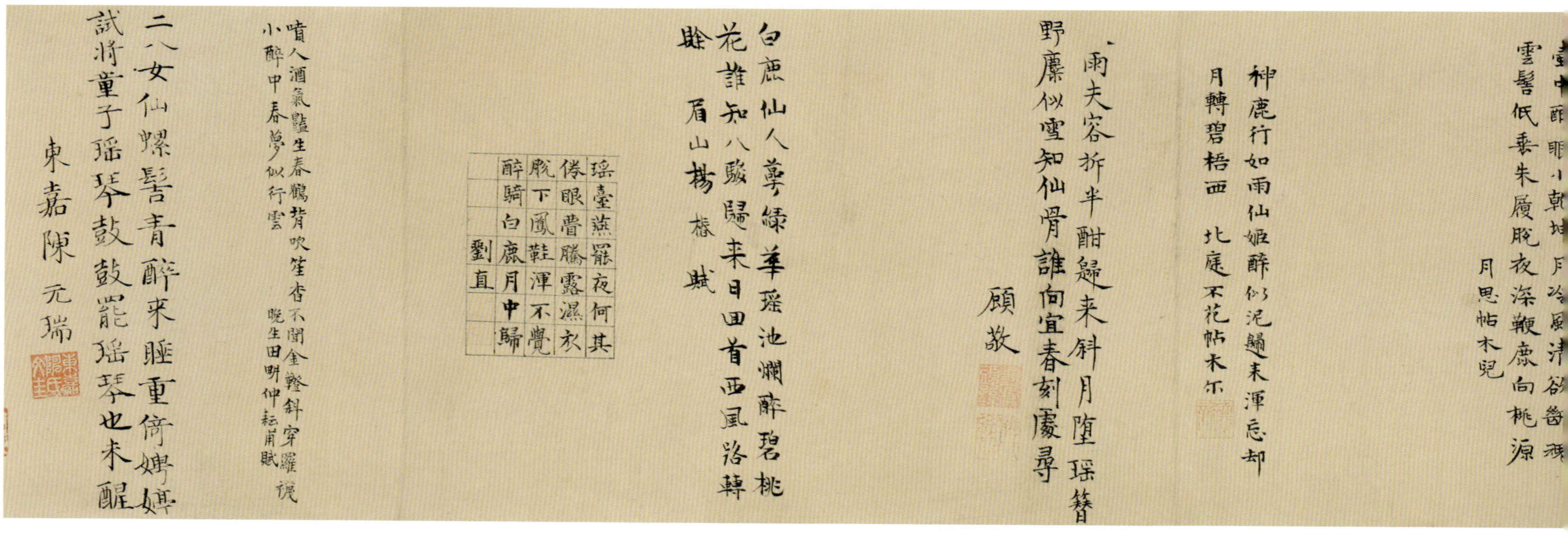

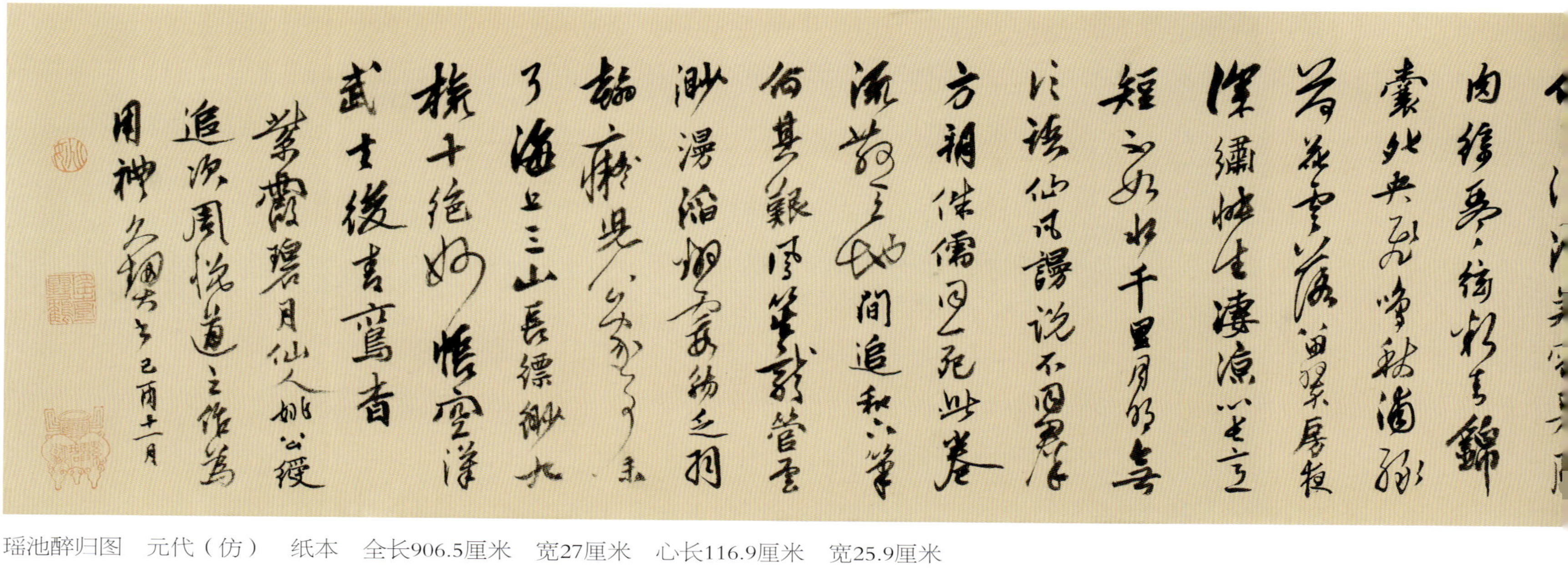

瑶池醉归图　元代（仿）　纸本　全长906.5厘米　宽27厘米　心长116.9厘米　宽25.9厘米

瑶池醉歸
紫霞碧月仙人題

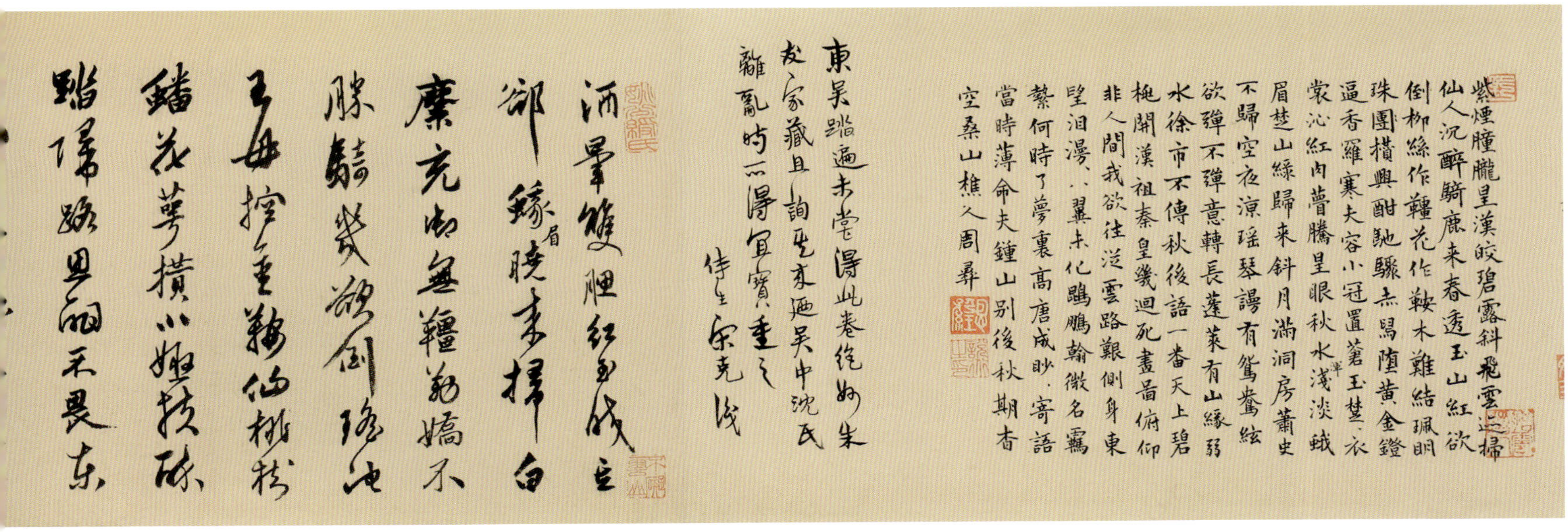

黄釉瓷碗　明代（弘治）　口径34.8厘米　底径22.2厘米

青花瓷把莲盘　明代　口径38.2厘米　底径28.5厘米　高7厘米

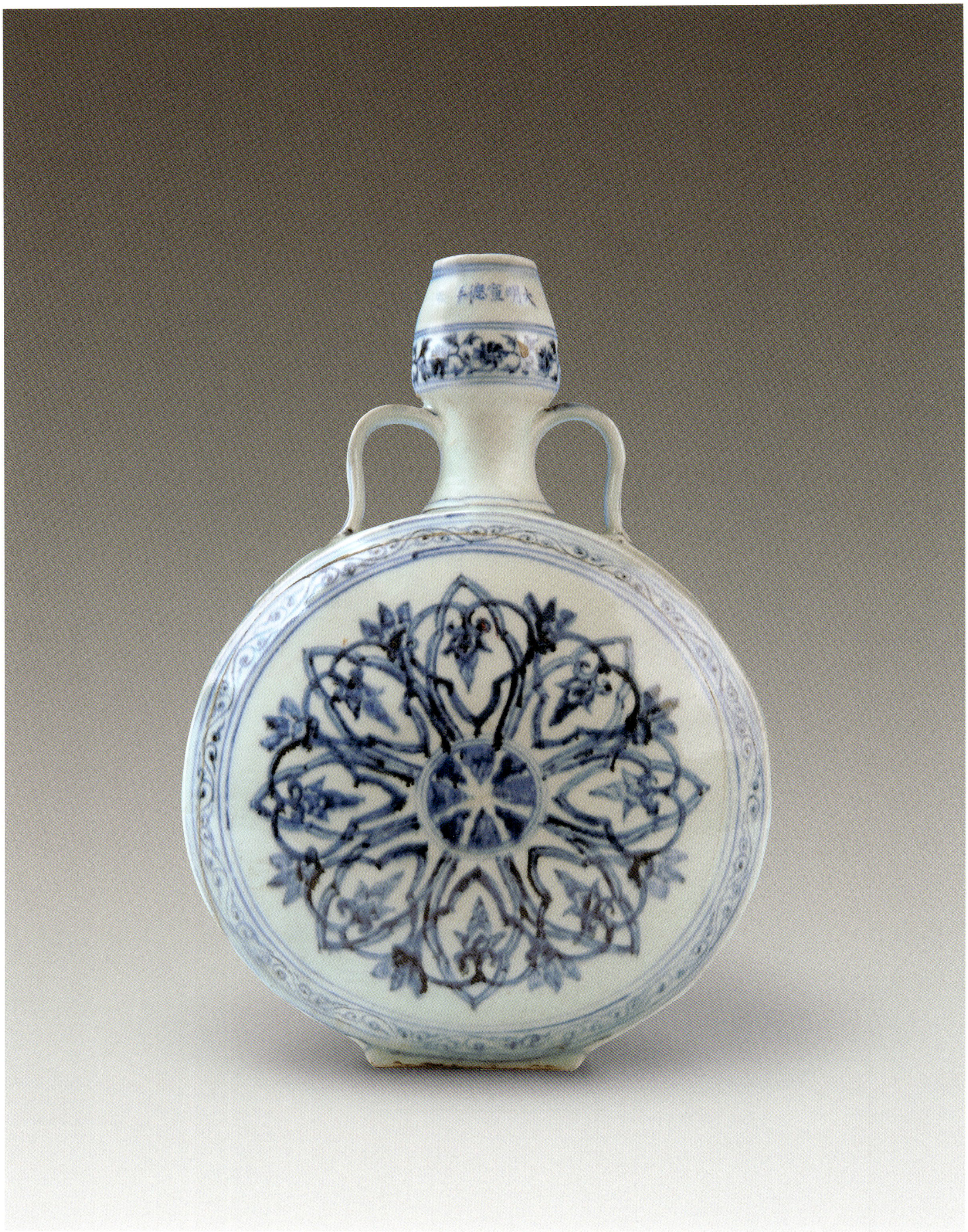

青花瓷扁壶　明代　高32厘米　口径7.8厘米

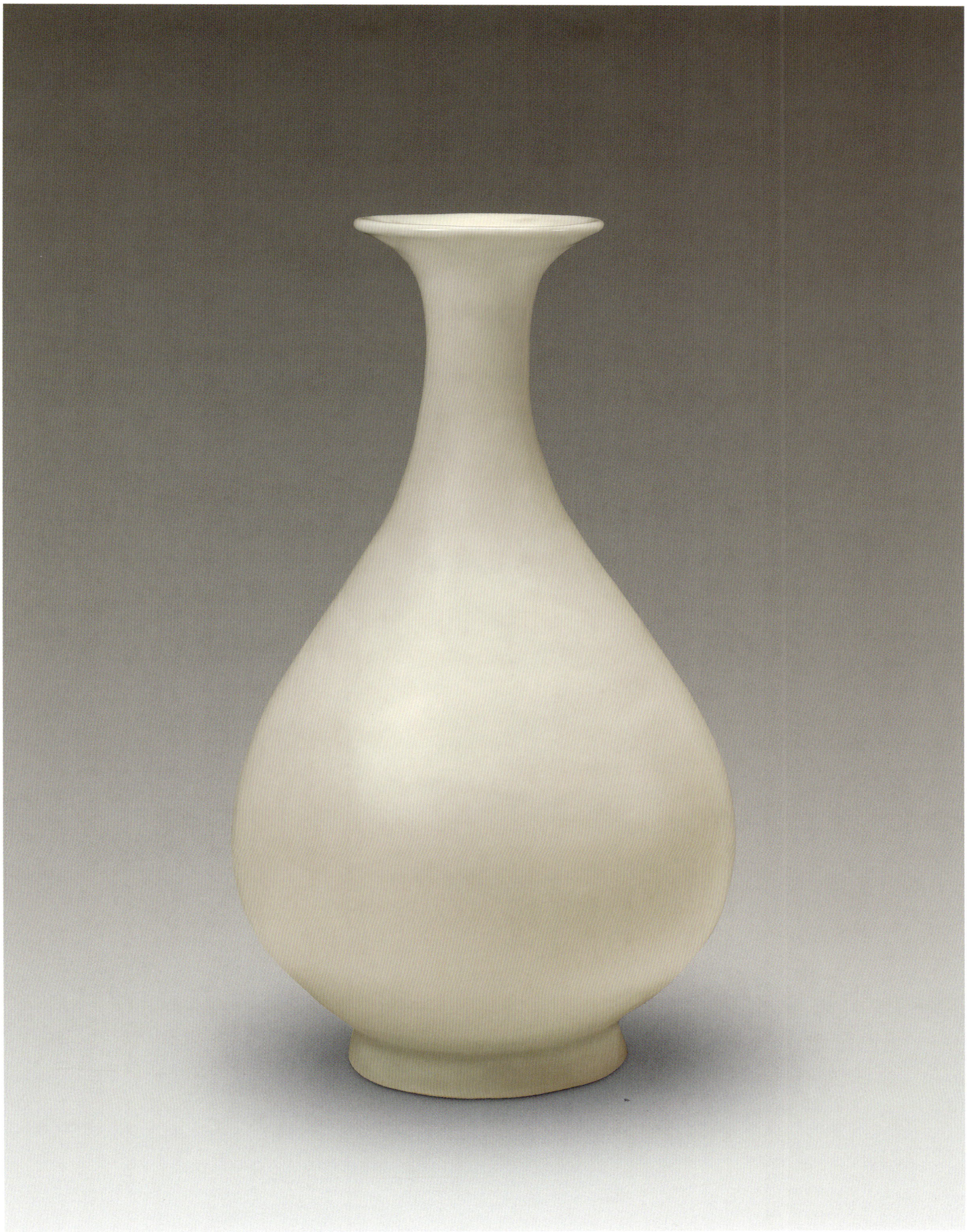

甜白釉玉壶春瓷瓶　明代（永乐）　口径9厘米　底径10.4厘米　高32.2厘米

朵颜卫左千户所百户印　明代　边长7厘米
高8.8厘米　黑龙江境内发现

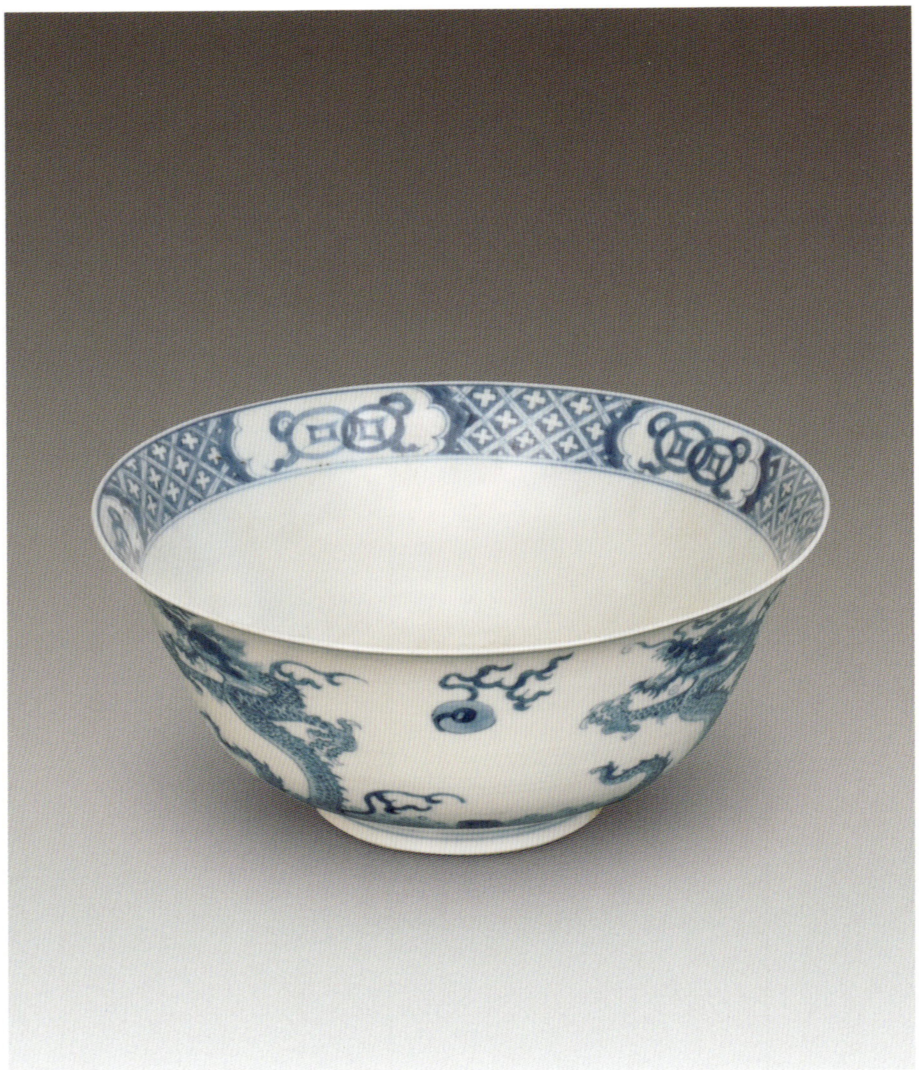

青花瓷云龙碗　清代（康熙）　口径21.2厘米　底径8.7厘米　高9.5厘米

褐釉青花瓷侈口折角盘　清代（康熙）　口径23.5厘米×23.8厘米　底径15.2厘米　高4.2厘米

青花瓷昭君出塞花觚　清代（康熙）　口径26.7厘米　底径21.5厘米　高56.7厘米

窑变石榴瓷尊　清代（乾隆）　口径11厘米　底径9.2厘米　高20厘米

影青缠枝莲高足瓷碗　清代（乾隆）　口径14.7厘米　底径4.2厘米　高9.8厘米

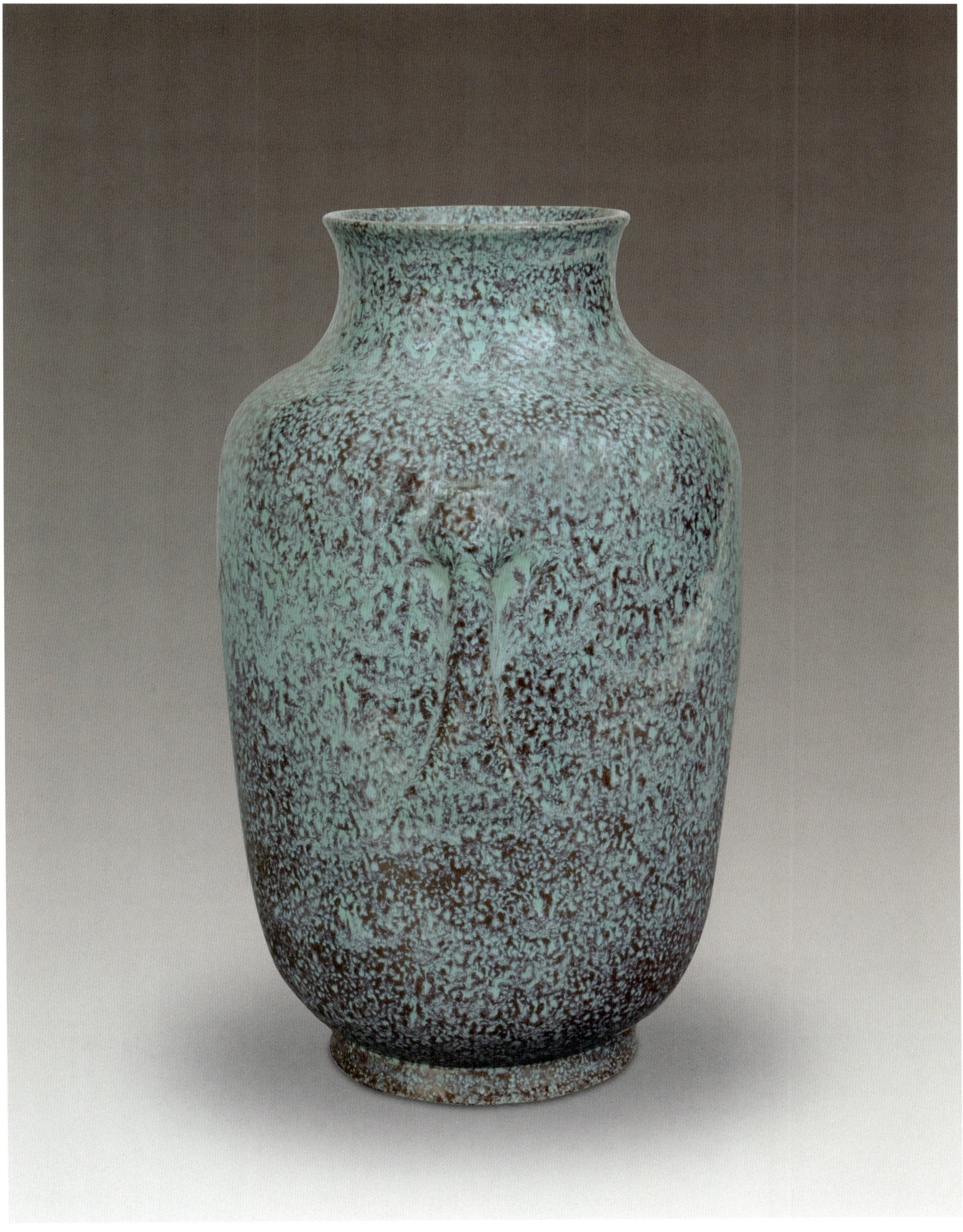

洒兰炉钧釉灯笼瓷尊　清代（乾隆）　口径8厘米　底径8.5厘米　高23.8厘米

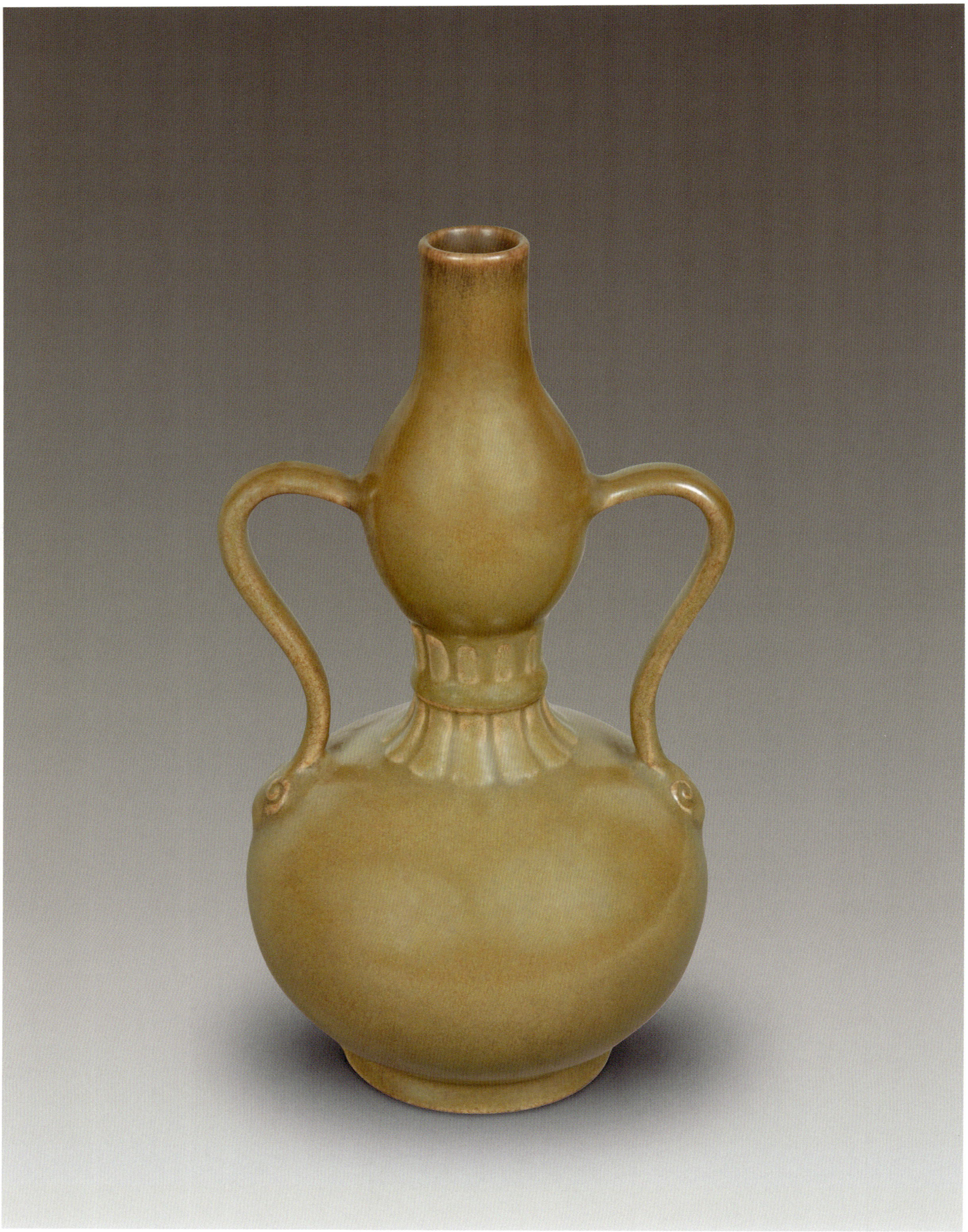

茶叶末釉绶带耳葫芦瓷瓶　清代（乾隆）　口径3厘米　底径8.2厘米　高26厘米

霁兰釉螭耳大方瓷瓶　清代（乾隆）　口径16厘米×12.5厘米　底径16厘米×12.5厘米　高27厘米

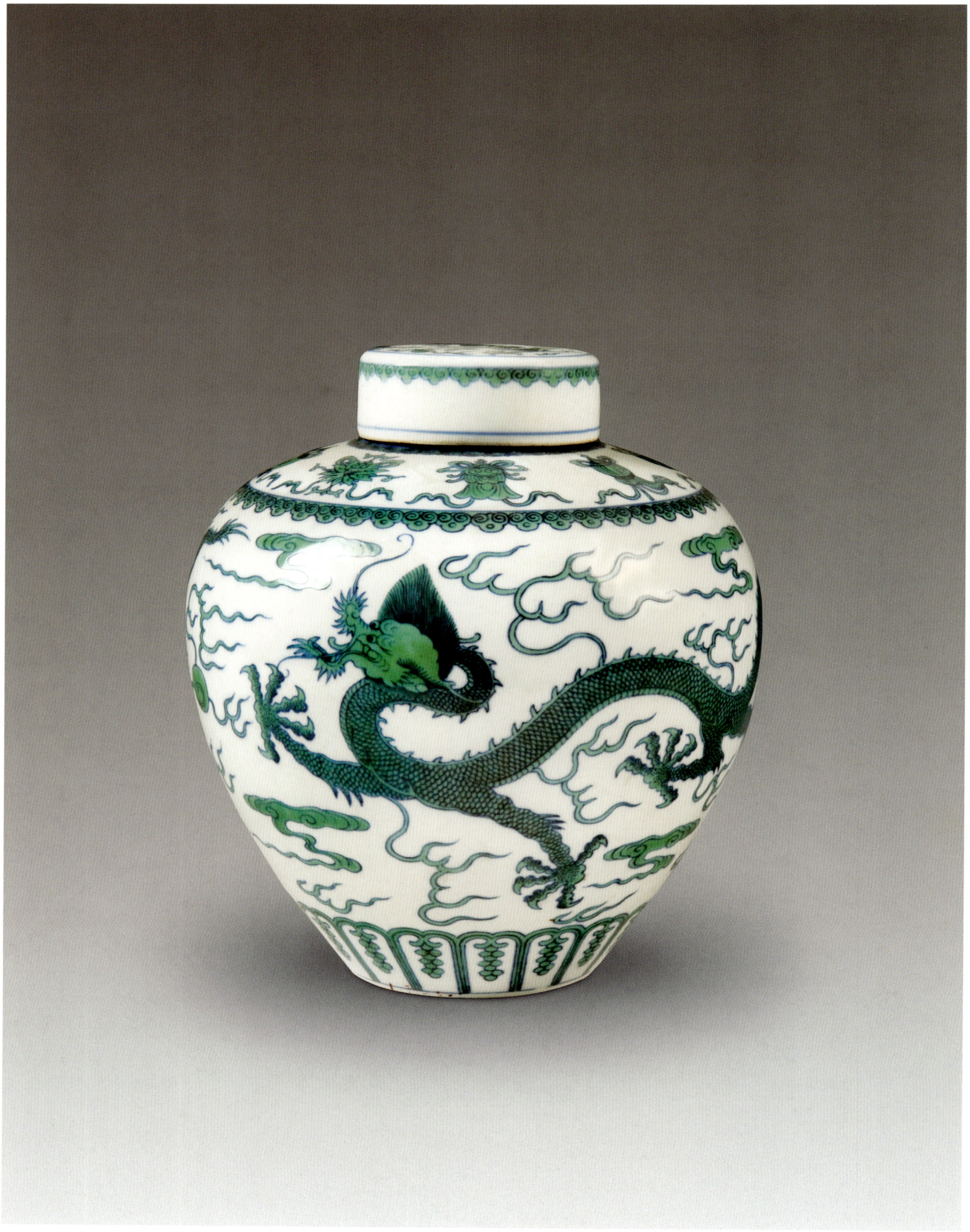

斗彩云龙盖瓷罐　清代（乾隆）　口径6.4厘米　底径7.2厘米　高21.2厘米

黄釉青花瓷山石牡丹盘　清代（雍正）　口径25.6厘米　底径16.4厘米　高4.4厘米

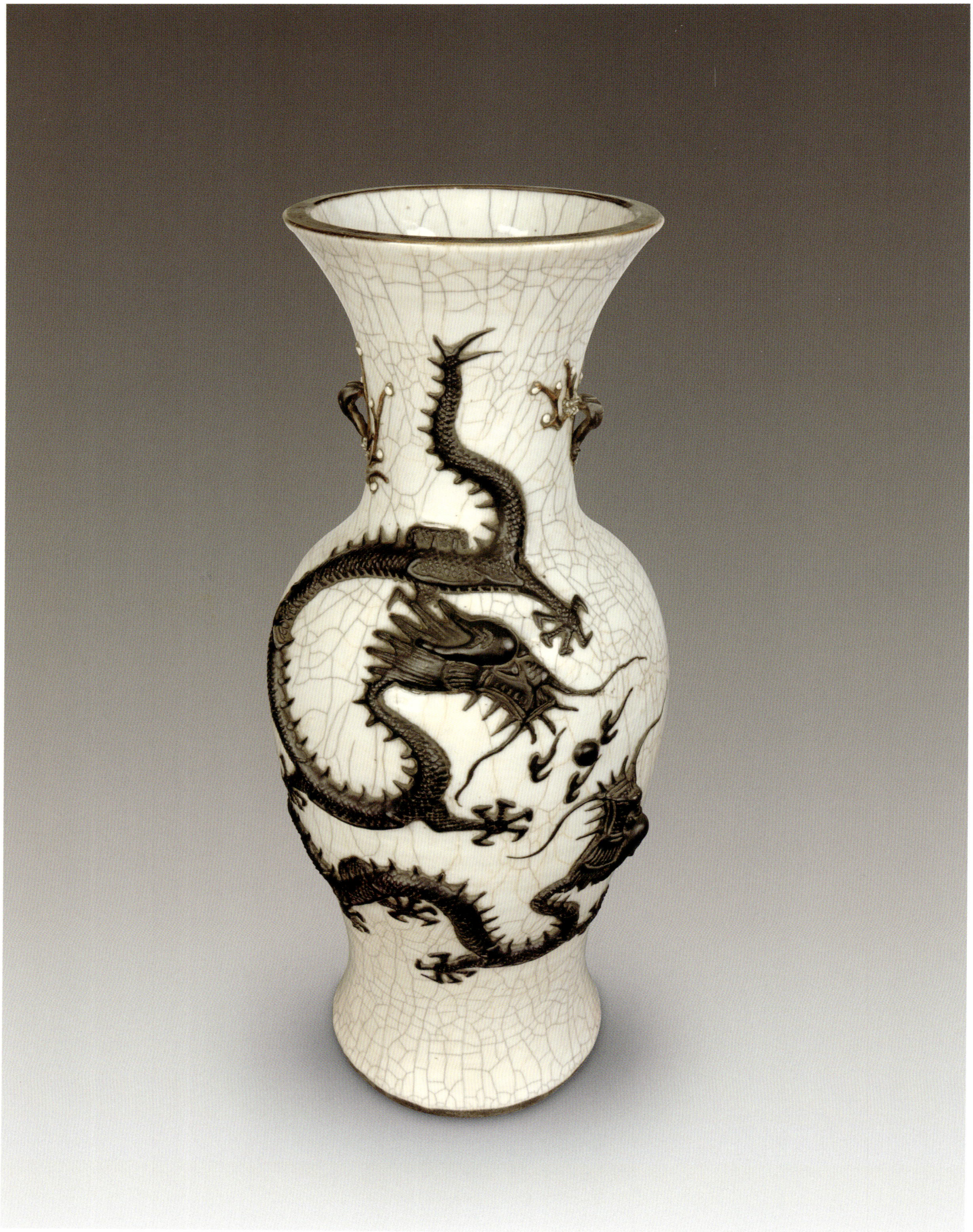

白釉开片帖龙戏珠大瓷瓶　清代（咸丰）　口径19.5厘米　底径18.5厘米　高59.2厘米

对纹佛像玉碗　清代　口径11.5厘米　底径5.5厘米　高5.5厘米

霁红窑变天球瓷瓶　清代（道光）　口径7.5厘米　底径13厘米　高43厘米

紫玉石朝珠　清代

蟠龙纹圆玉瓶　清代　口径6.8厘米×4厘米　底径6.3厘米×3.4厘米　高19.7厘米

刘海乘槎玉雕　清代　16.2厘米×7.9厘米×10.5厘米

海棠口高足玉洗　清代　长17.3厘米　宽12.9厘米　高5.3厘米

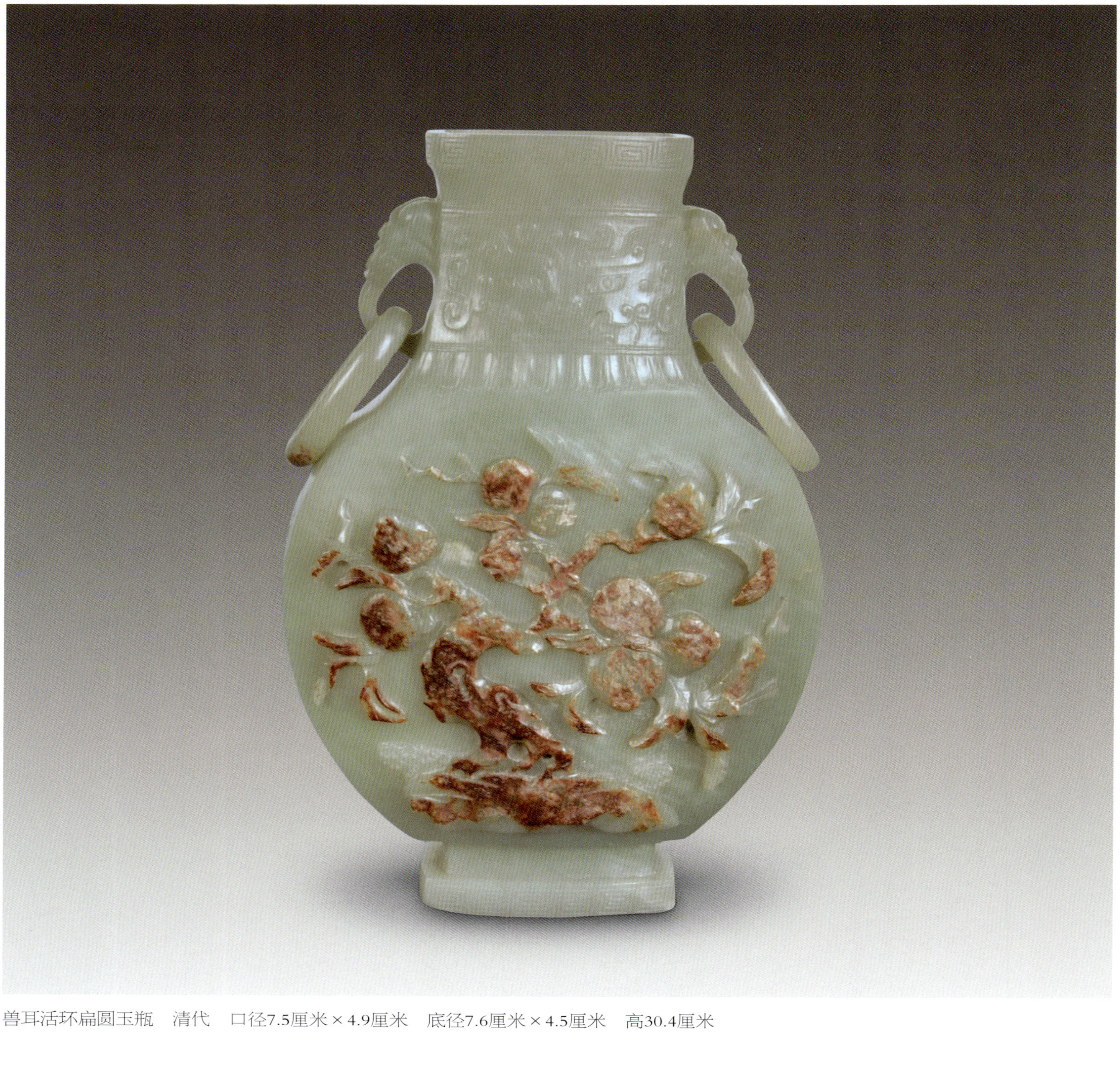

兽耳活环扁圆玉瓶　清代　口径7.5厘米×4.9厘米　底径7.6厘米×4.5厘米　高30.4厘米

方形青玉花觚　清代　口7.2厘米×4.1厘米　底6.3厘米×3.4厘米　高19.2厘米

宫廷三节莲蓬白玉盒　清代　通高11厘米　直径7厘米

桃形青玉水丞　清代　长25.9厘米　宽12.9厘米　高4.8厘米

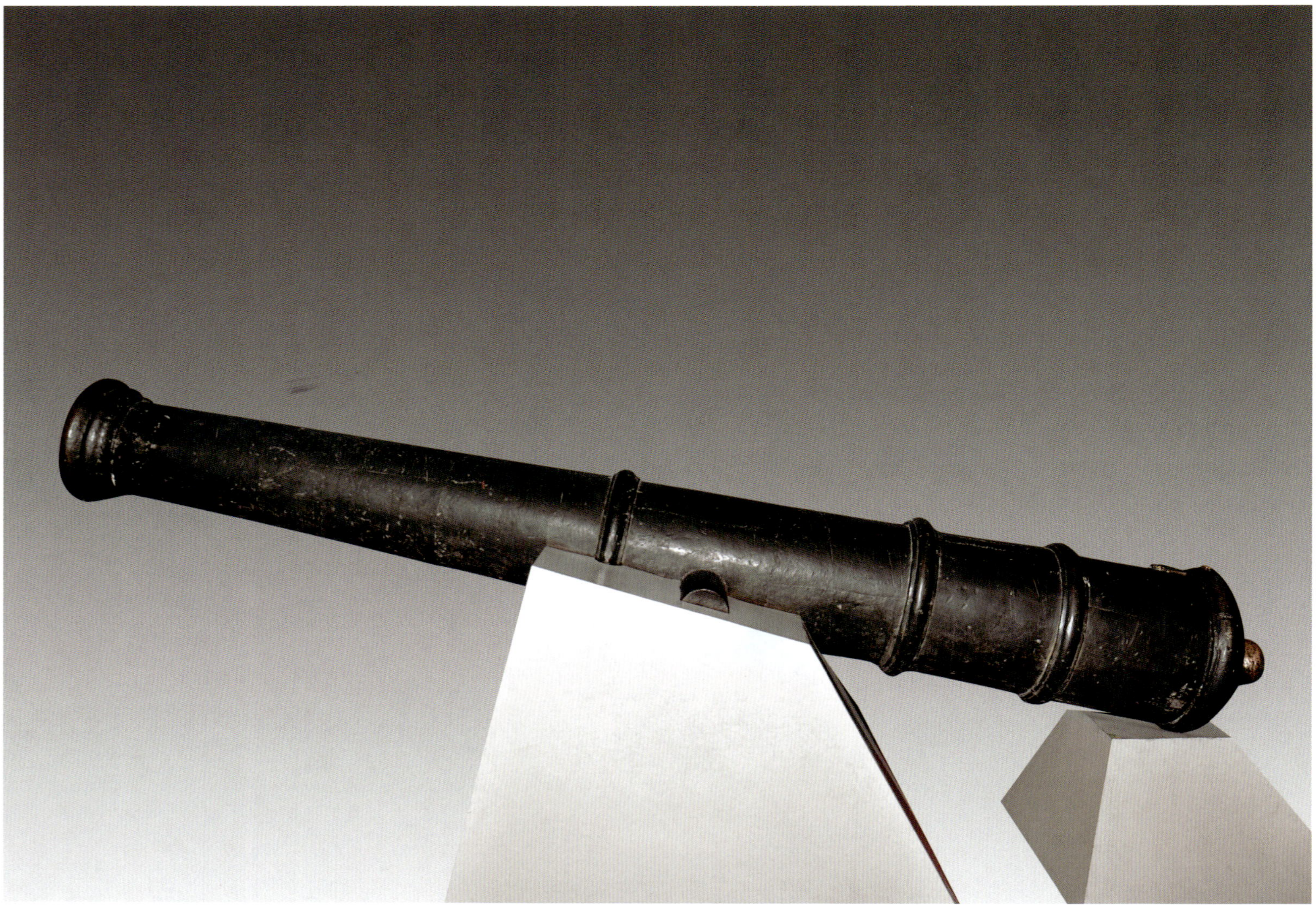

“神威无敌大将军”铜炮　清代　长248厘米　炮口内径11厘米　外径27.5厘米　重1000公斤　齐齐哈尔市建华机械厂发现

管辖科尔沁左翼郭尔罗斯后旗扎萨克印　清代　边长10厘米　通高11厘米

扁金簪　清代　长15.1厘米　宽1.9厘米　黑河市瑷珲富明阿墓出土

锡杖形金簪　清代　长18.4厘米　宽1.5厘米　黑河市瑷珲富明阿墓出土

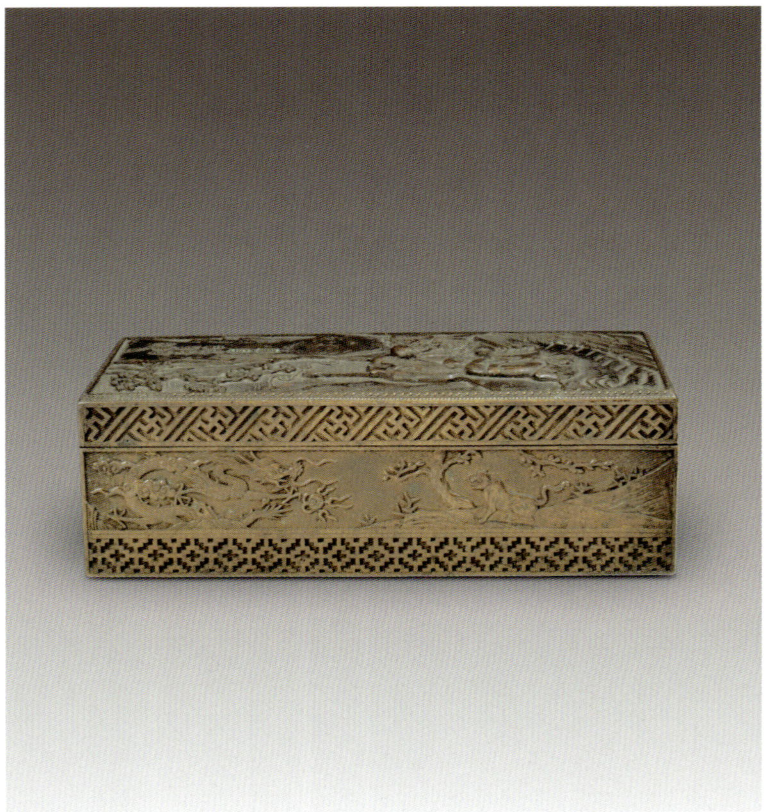

黑漆嵌螺钿人物二层盒　清代

鸡血石章　清代　长2.1厘米　宽2.1厘米　高7.45厘米

雕漆开光山水人物海棠式瓶　清代（乾隆）　高41.5厘米

田黄石狮纽章　清代　长3.4厘米　宽3.35厘米　高4.35厘米

貂皮龙袍　清代　身长123厘米

西域舆图　清代　纸本　画心长150.1厘米　宽48.5厘米

鼓风皮囊　长65厘米　宽12厘米

萨满衣　长86厘米

艺术 YI SHU

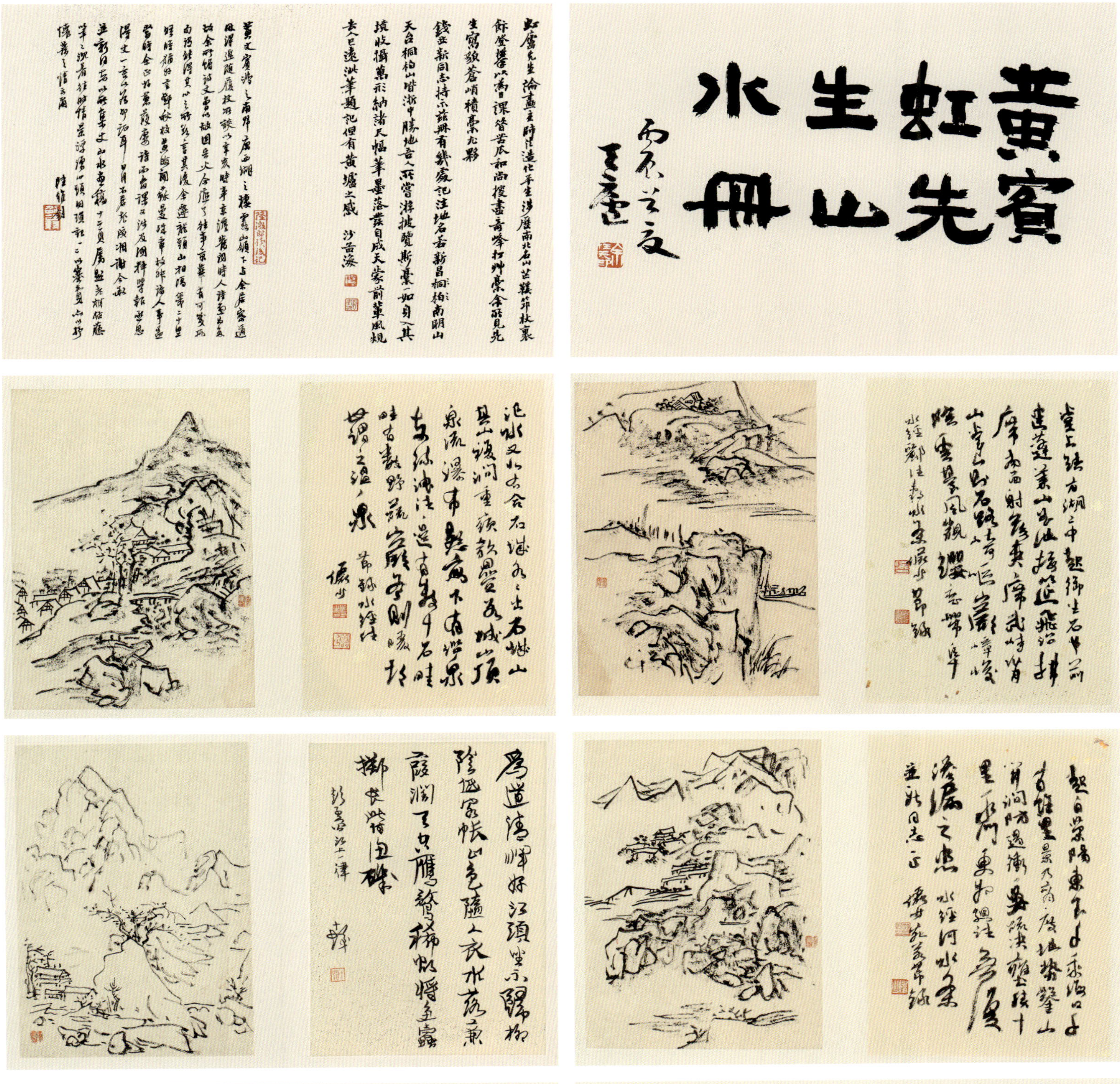

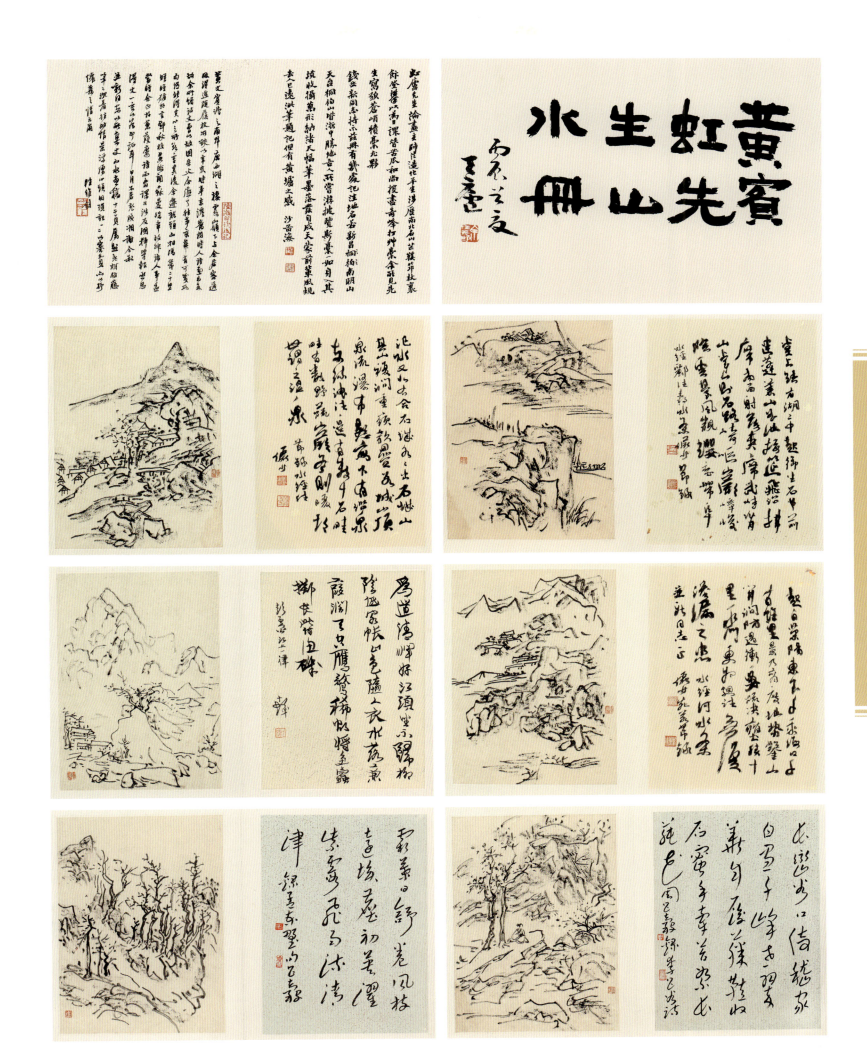

黄宾虹　山水册　34.7厘米×26厘米

黄宾虹　山水四扇屏　230厘米×50厘米

吴昌硕　菊花　180厘米×76.7厘米

齐白石　虾　237厘米×46厘米

齐白石　紫藤图　225厘米×52厘米

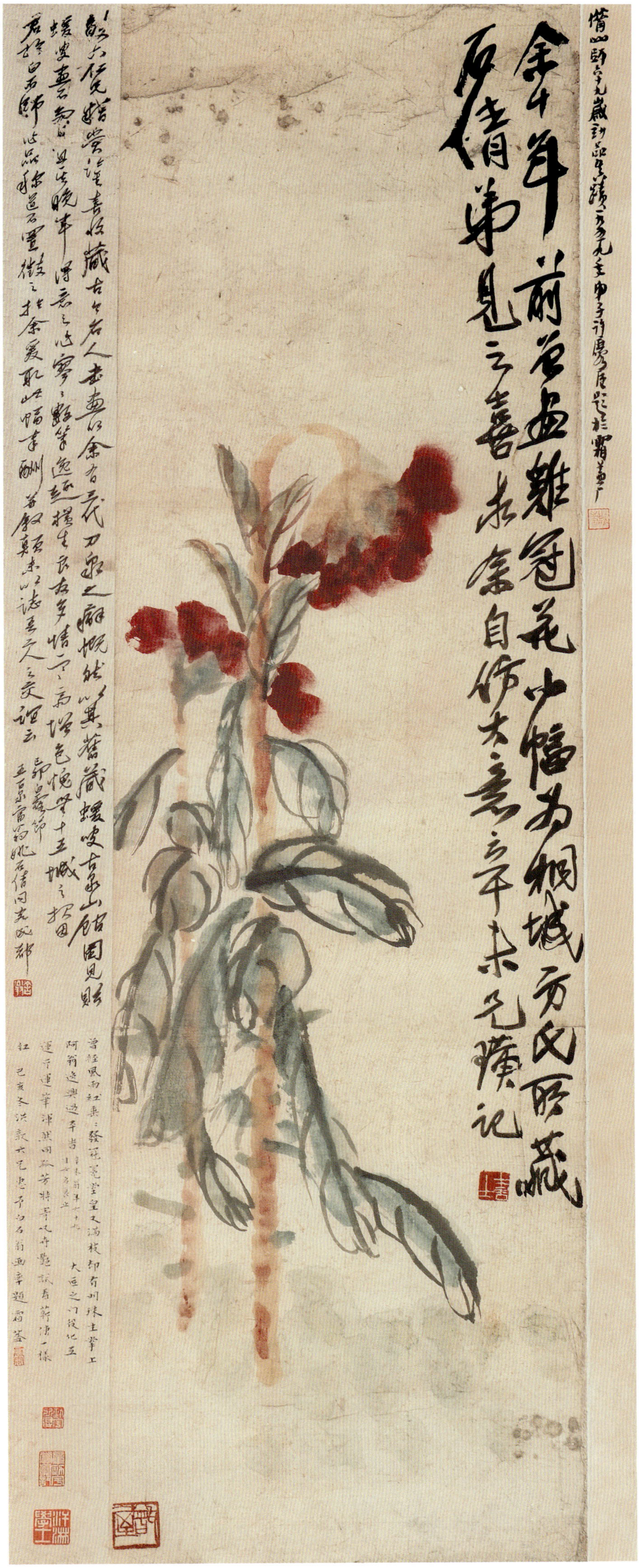

齐白石　鸡冠花　210厘米×49厘米

齐白石　墨蟹　96.5厘米×36厘米

潘天寿　五鹚图　159厘米×186厘米

潘天寿　松月梅图　488厘米×180厘米

潘天寿　西湖边所见　180厘米×483厘米

徐悲鸿　飞马图　225厘米×105厘米

徐悲鸿　猫图　58厘米×40厘米

林枫眠　重彩纺织图　66厘米×66厘米

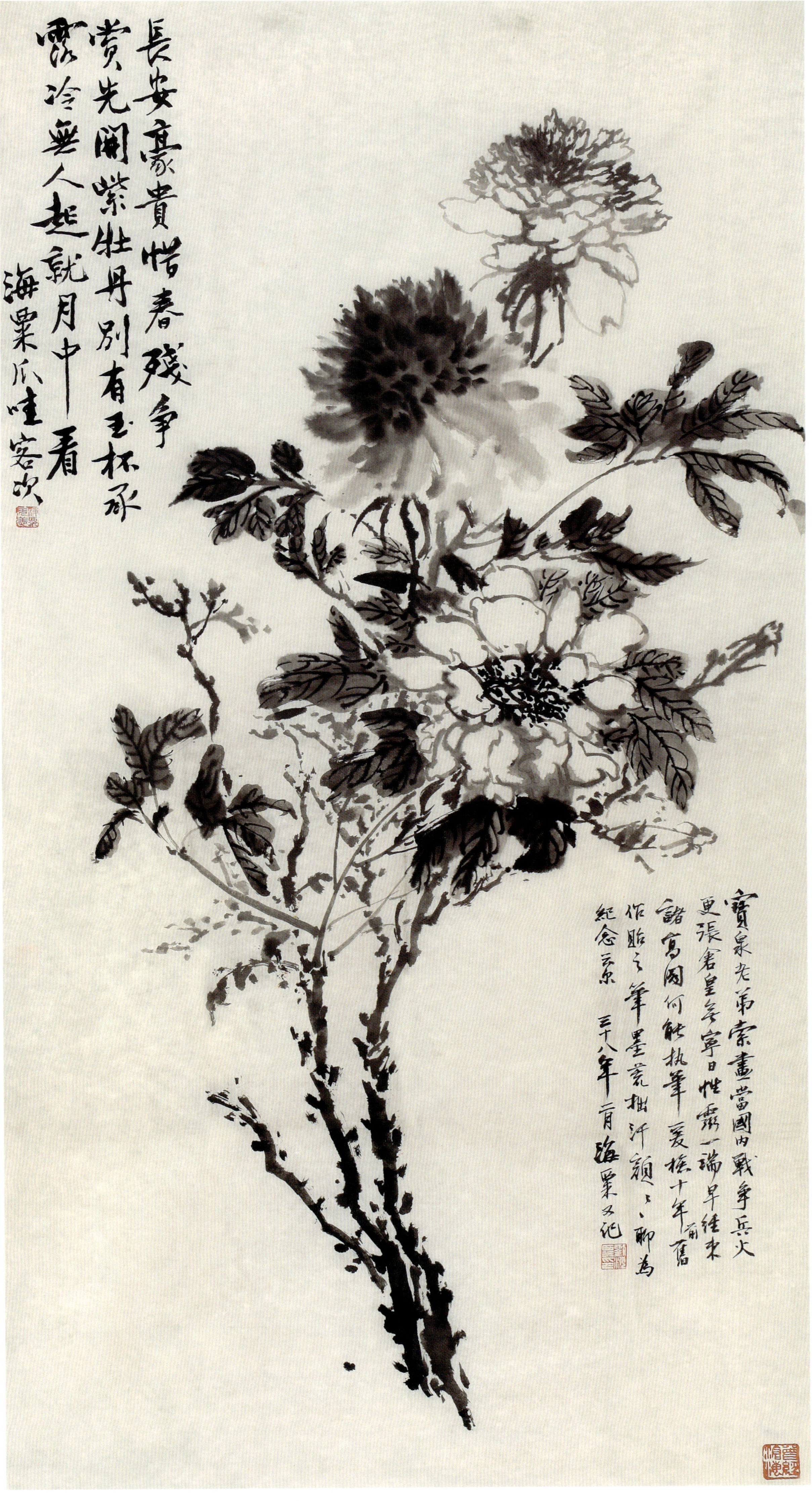

刘海粟　牡丹图　129.5厘米×66.5厘米

关良　二人打斗图　70厘米×47厘米

关良　李逵戏剧人物　47厘米×35厘米

陈师曾　花鸟　231厘米×61.4厘米

傅抱石　山水图　240厘米×44厘米

关山月　月牙山　72厘米×165厘米

李可染　冷香古韵图　218厘米×49厘米

何海霞　归来图　31.5厘米×46厘米

何香凝　菊花图　201厘米×45厘米

吴作人　驼队图　136厘米×68.8厘米

吴冠中　白皮松　140厘米×69厘米

高希舜　荷花图　136厘米×69厘米

顾炳鑫　仕女图　94厘米×46.1厘米

郭味蕖　菊花图　140厘米×70厘米

黄永玉　春天的声音　100厘米×51.5厘米

黄胄　驯马图　210厘米×145厘米

黄胄　牧驴图　48厘米×68厘米

蒋兆和　杜甫像　100厘米×66厘米

来楚生　鸡图　35厘米×35厘米

陆俨少　山水图　49厘米×39厘米

李苦禅　企望图　137厘米×68厘米

李苦禅　松鹰图　147.5厘米×335厘米

刘继卣　岩鹰图　137.2厘米×69.1厘米

娄师白　小鸭　138厘米×69厘米

娄师白　藤草图　227.5厘米×77.5厘米

江寒汀　桥塘鸟春图　118厘米×45厘米

舒传熹　潘天寿像　264厘米×96厘米

孙其峰　松鹰图　69厘米×44厘米

唐云　红柿八哥图　140厘米×70厘米

王个簃　写意枇杷　243厘米×48厘米

王雪涛　山鸡图　89厘米×60厘米

王子武　曹雪芹像　101厘米×101厘米

朱屺瞻　菖兰图　189厘米×77.5厘米

许麟庐　葫芦图　220厘米×69厘米

叶浅予　夏之舞图　207厘米×55厘米

尹瘦石　奔马图　144厘米×83.5厘米

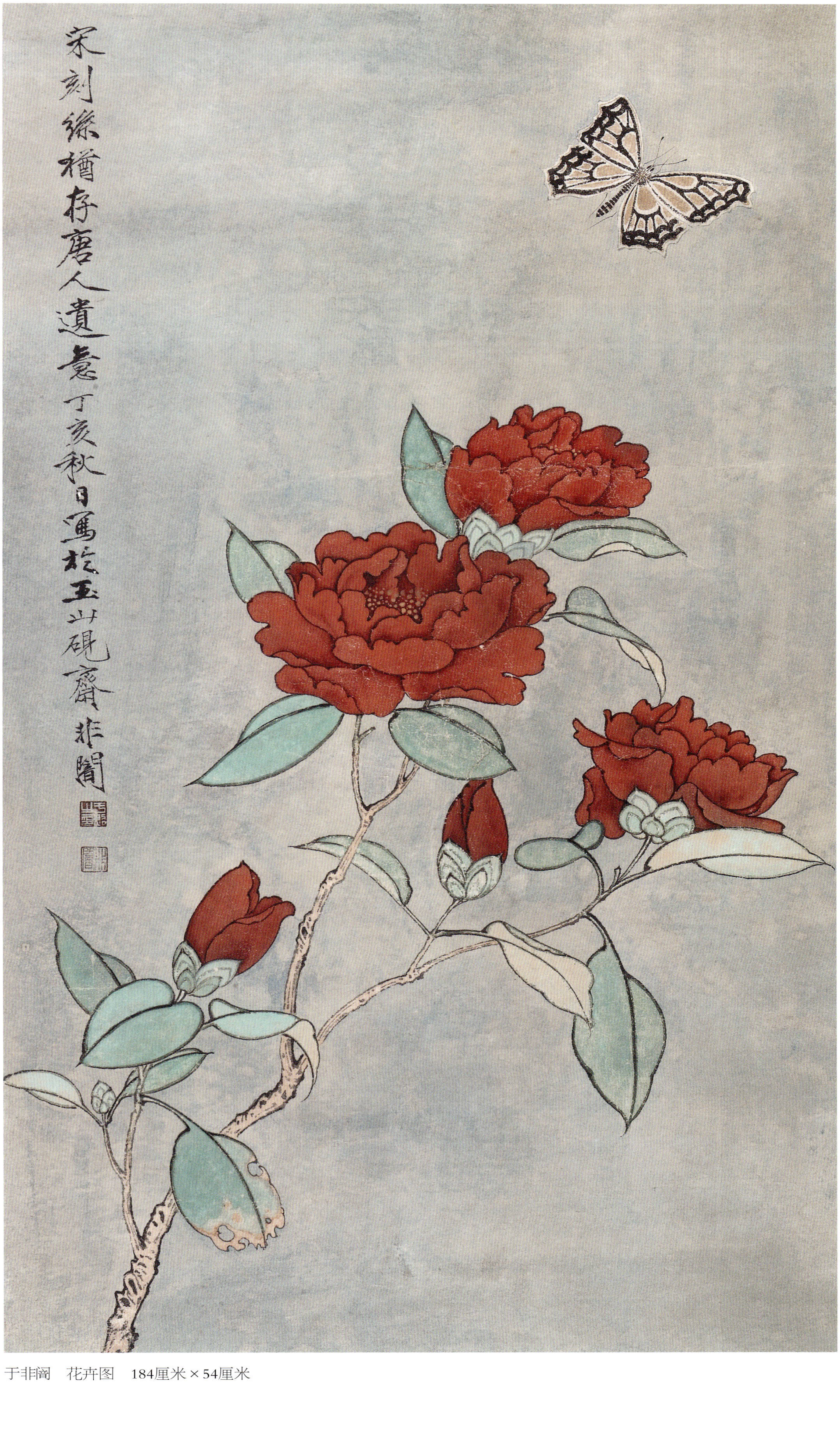
宋刻絲猶存唐人遺意
丁亥秋日寫於玉山硯齋 非闇

于非闇　花卉图　184厘米×54厘米

张大壮　鱼　35厘米×49厘米

郑乃光　双寿图　132厘米× 66厘米

张汀　猫头鹰图　70厘米×68厘米

张正宇　猫蝶　46厘米×44.5厘米

周昌谷　黄宾虹像　90.8厘米×61厘米

诸乐三　梅花图　70厘米×35厘米

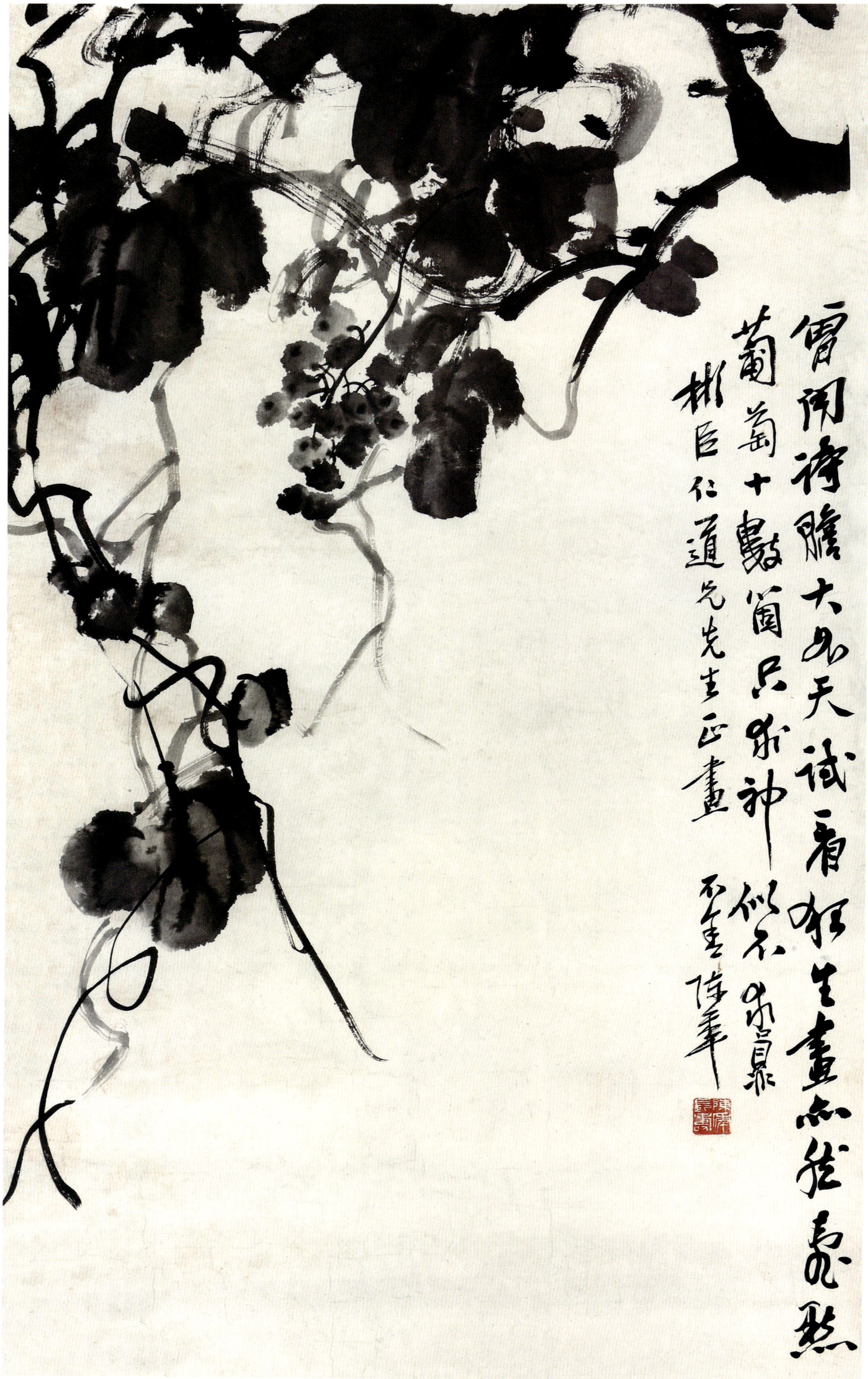

陈半丁　葡萄图　86厘米×52厘米

程十发　友谊图　106厘米×179厘米

程十发　阿Q正传108图之一　33厘米×23.7厘米

范曾　李时珍采药图　94.4厘米×69.6厘米

刘文西　老农图　113厘米×79厘米

许勇等集体创作　我的朋友遍天下　141厘米×365厘米

童中焘　井冈山图　102厘米×66厘米

张立辰　雨后斜阳　131厘米×68厘米

吴山明　泉边图　70厘米×47厘米

徐希　红山颂　35厘米×35厘米

姚有多　妇女、孩子和羊图　82.3厘米×43.8厘米

崔子范　荷花图　88.7厘米×55.8厘米

刘勃舒　奔马图　135厘米×68厘米

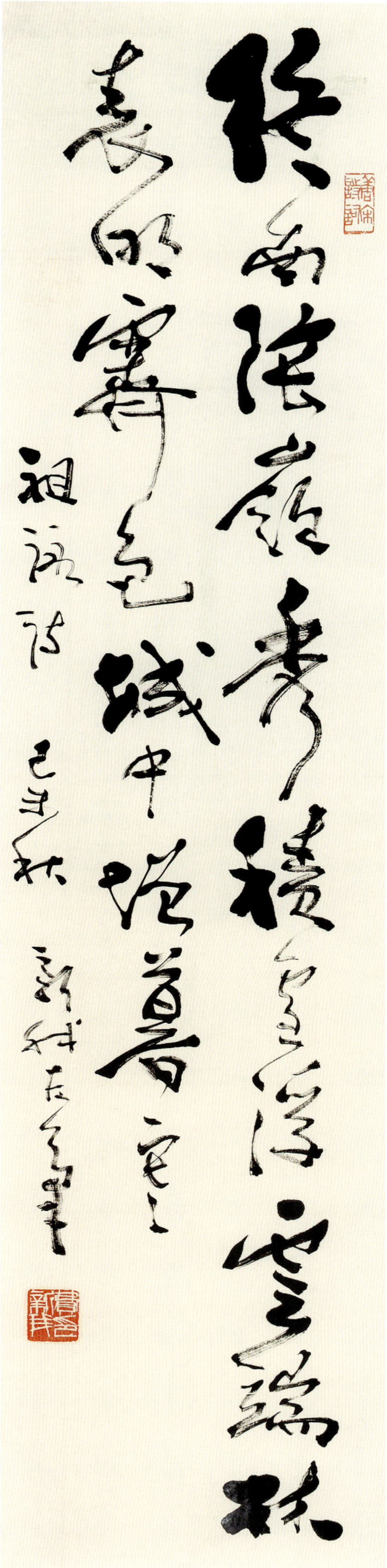

费新我　祖泳诗　138厘米×35厘米

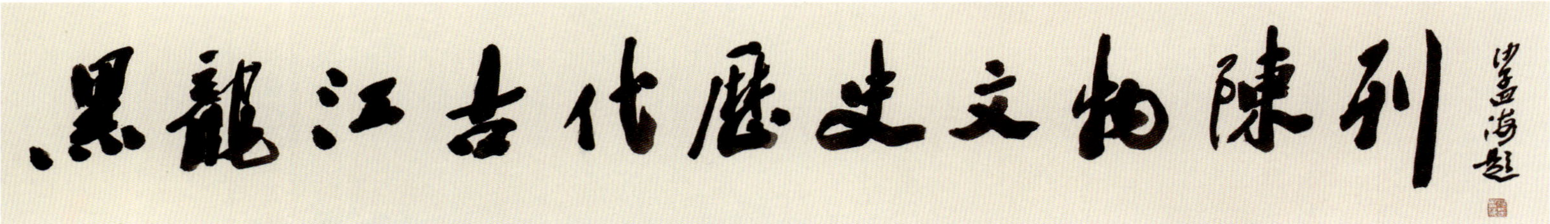

沙孟海题　黑龙江古代历史文物陈列　29.8厘米×175厘米

王德威　担架队　120厘米×200厘米

任梦璋　雅克萨大捷　100厘米×199厘米

宋志坚　雅克萨大捷　135厘米×245厘米

晁楣　第一道脚印　35厘米×45厘米

晁楣　雪松　41厘米×67厘米

张路　小蘑菇　37厘米×30厘米

李亿平　东方红　51厘米×29厘米

廖有凯　捕鳇鱼　23厘米×104厘米

杜鸿年　林谷风涛　56厘米×85.5厘米

张祯麒　林区的冬天　32厘米×62厘米

张作良　北方三月　54厘米×68厘米

郝伯义　在友谊的土地上　40厘米×86厘米

徐楞　采蘑菇去　40厘米×40厘米

张喜良　排障　36厘米×73厘米

张朝阳　遍地英雄　33.7厘米×48厘米

张朝阳　晨妆　42厘米×42厘米

赵晓沫　蓝图　40.4厘米×69.7厘米

赵晓沫　冲锋号角　43厘米×102厘米

周胜华　大雪封山时　46.5厘米×45厘米

陈玉平　风餐　42厘米×48厘米

袁耕　激战前夕　37厘米×80厘米

刘荣彦　加油站　38厘米×58厘米

杨凯生　静静的雪夜　43厘米×45厘米

陈宜明　老班长　41.3厘米×58.4厘米

李斌　新战友　59.8厘米×55.7厘米

李朴　乌苏里江畔　33.2厘米×72厘米

蒋悦　迎春　54厘米×74厘米

王合群　战地黄花　51厘米×63厘米

邓散木 DENG SAN MU

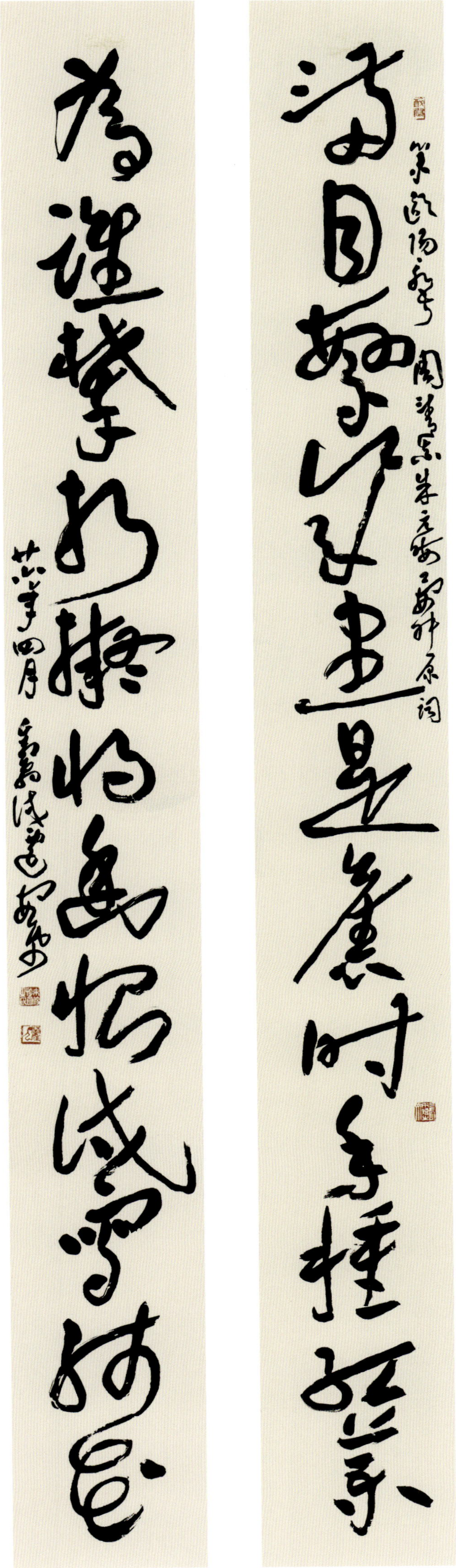

集宋词　草书　纸本　426.5厘米×51.7厘米

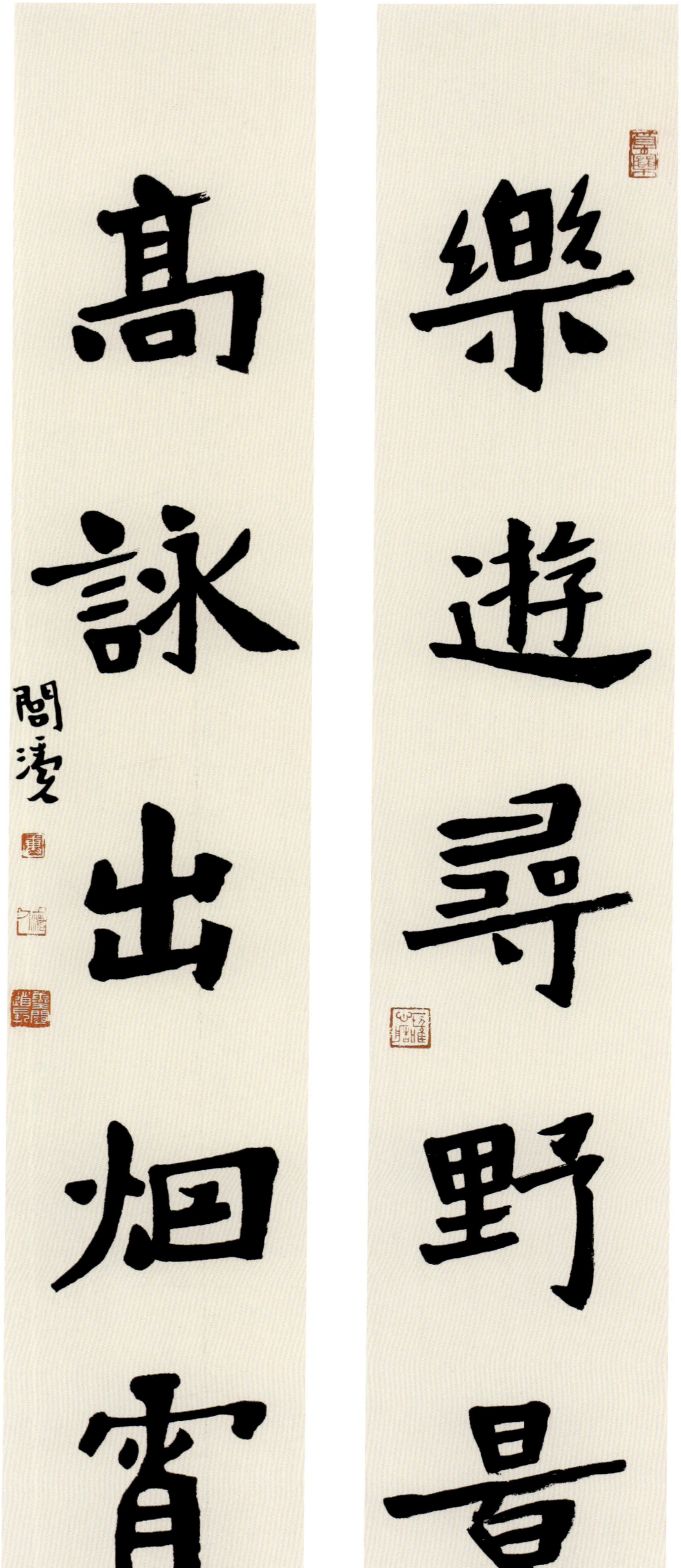

“乐游寻野景”联　楷书　纸本　109.6厘米×19.3厘米

集南北史　隶书　纸本　131.7厘米×23厘米

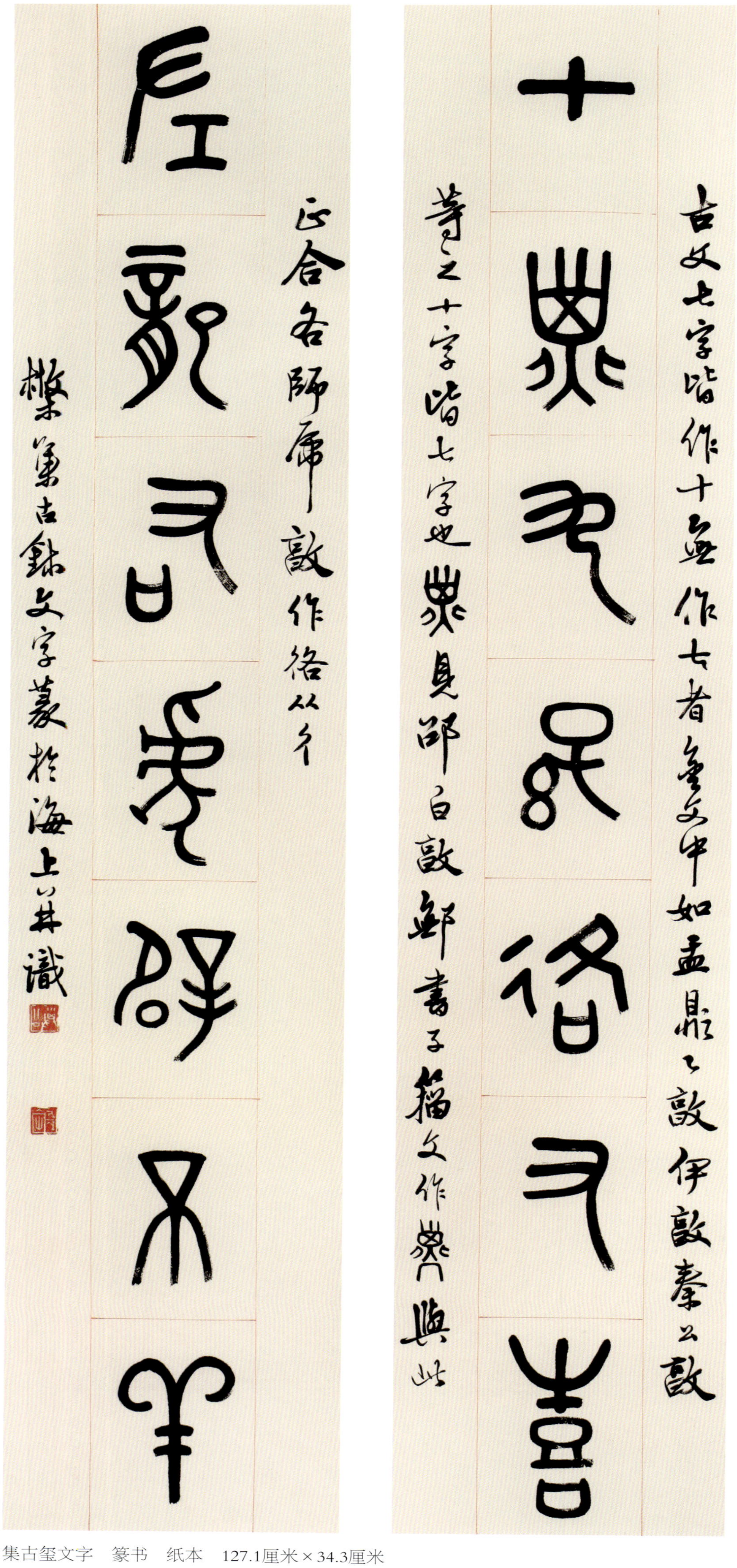

集古玺文字　篆书　纸本　127.1厘米×34.3厘米

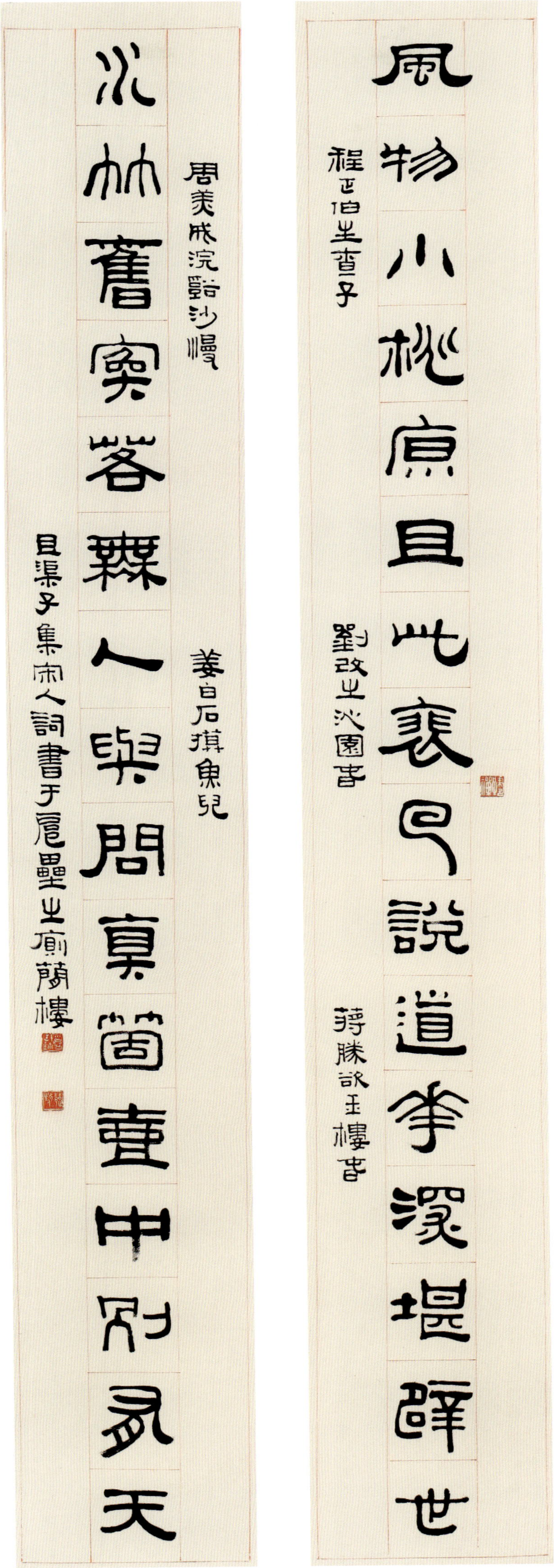

集宋人词　隶书　纸本　134.6厘米×22.4厘米

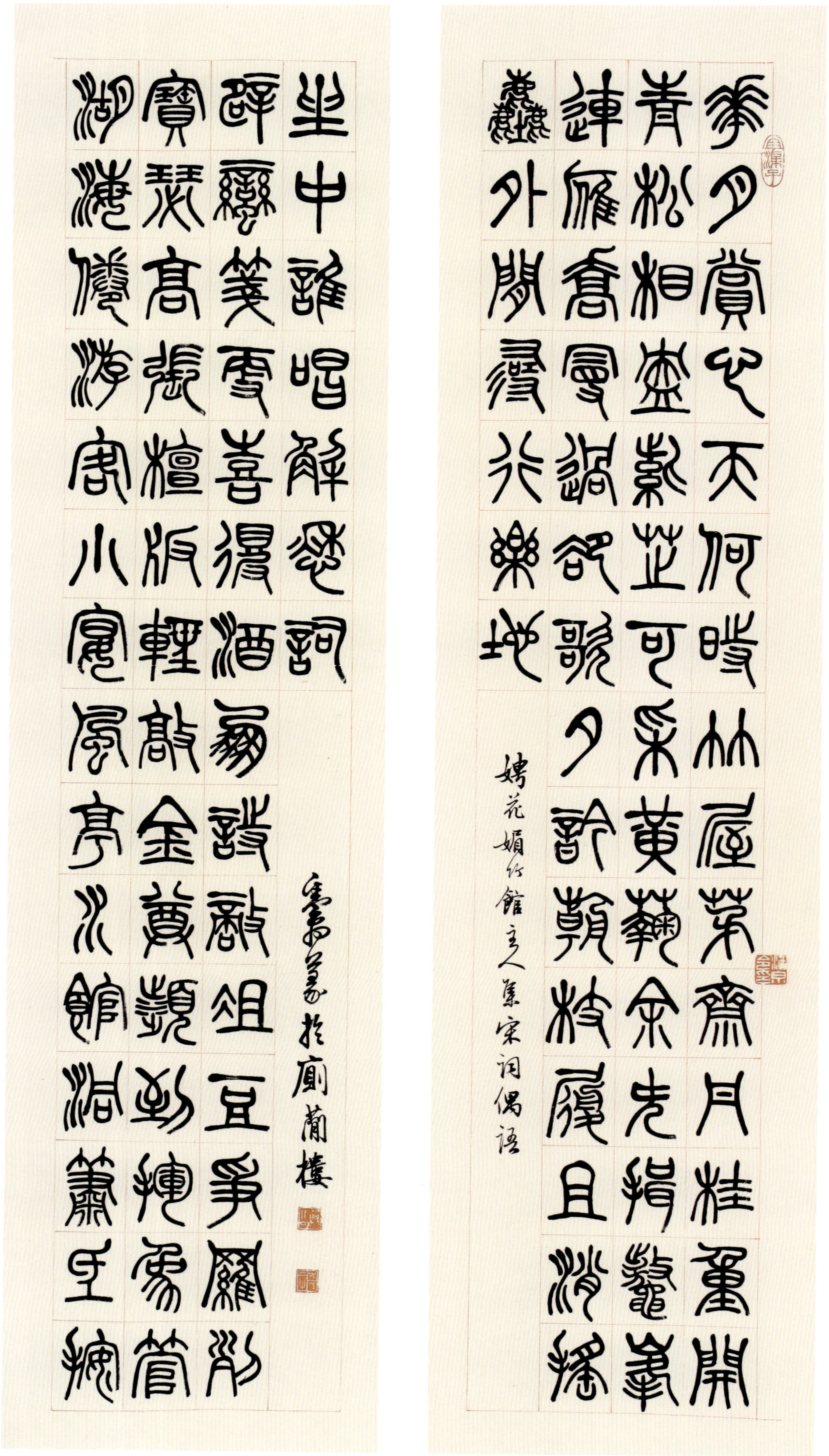

集宋词偶语　篆书　纸本　160厘米×41厘米

集宋人词句　隶书　纸本　143.7厘米×23厘米

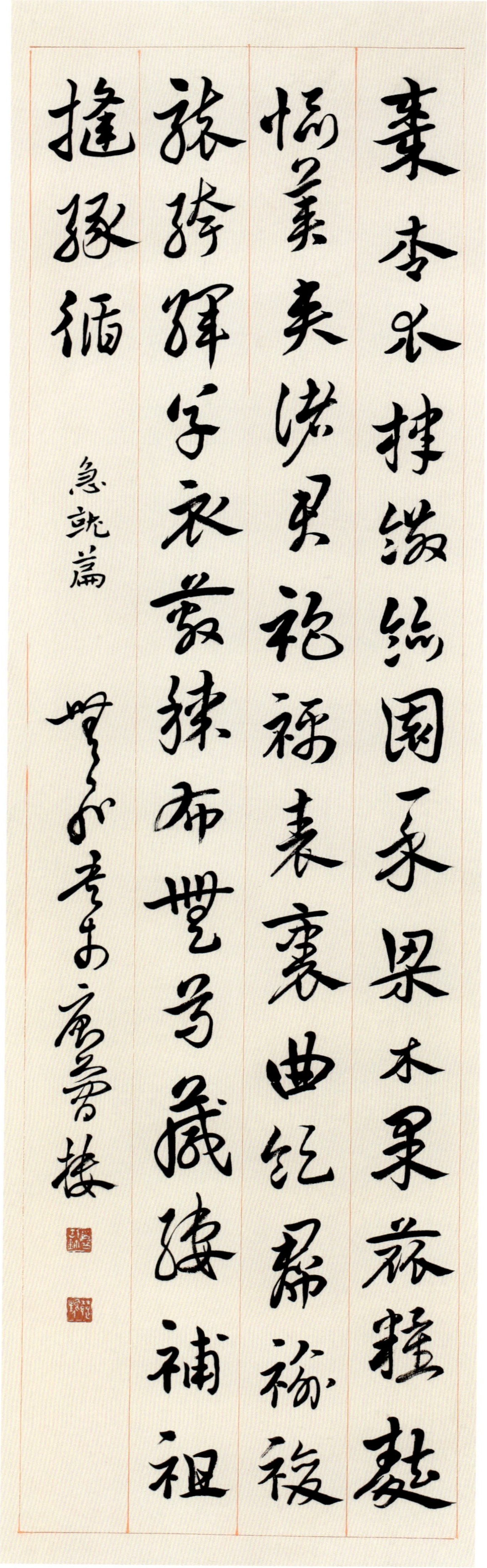

急就篇　章草　纸本　109厘米×34厘米

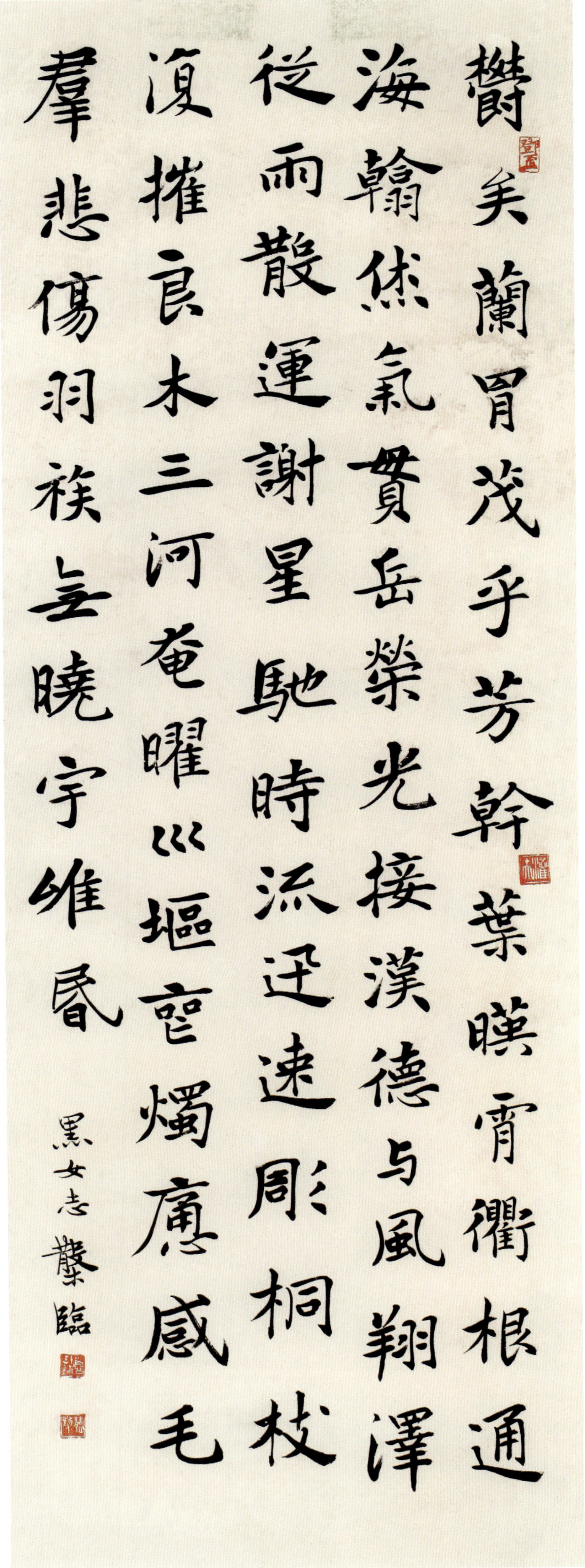

临黑女志　楷书　纸本　110厘米×39.4厘米

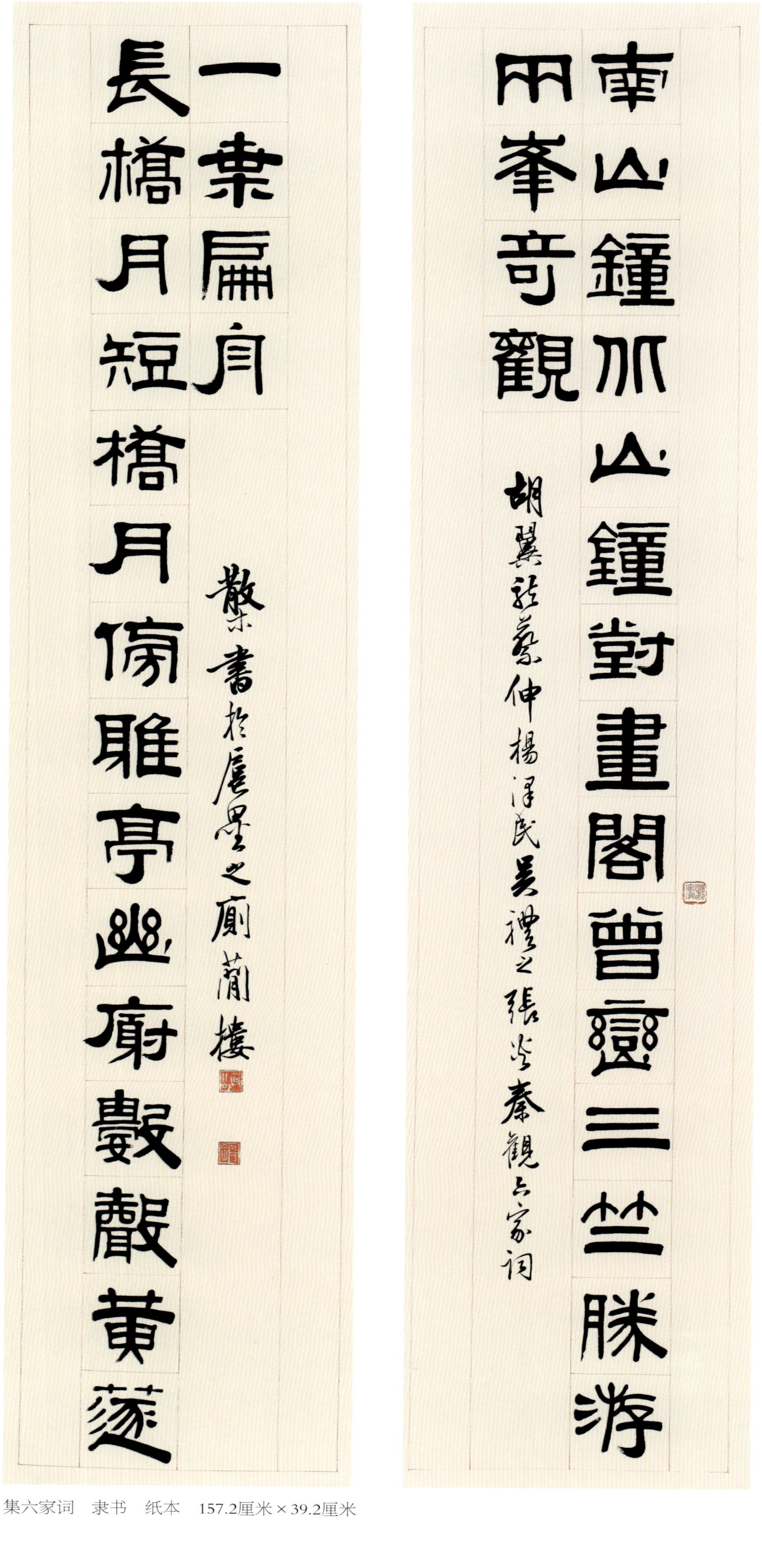

集六家词　隶书　纸本　157.2厘米×39.2厘米

拟简札　隶书　纸本　137.2厘米×31.3厘米

集金文字书东坡诗　篆书　纸本　138厘米×34.3厘米

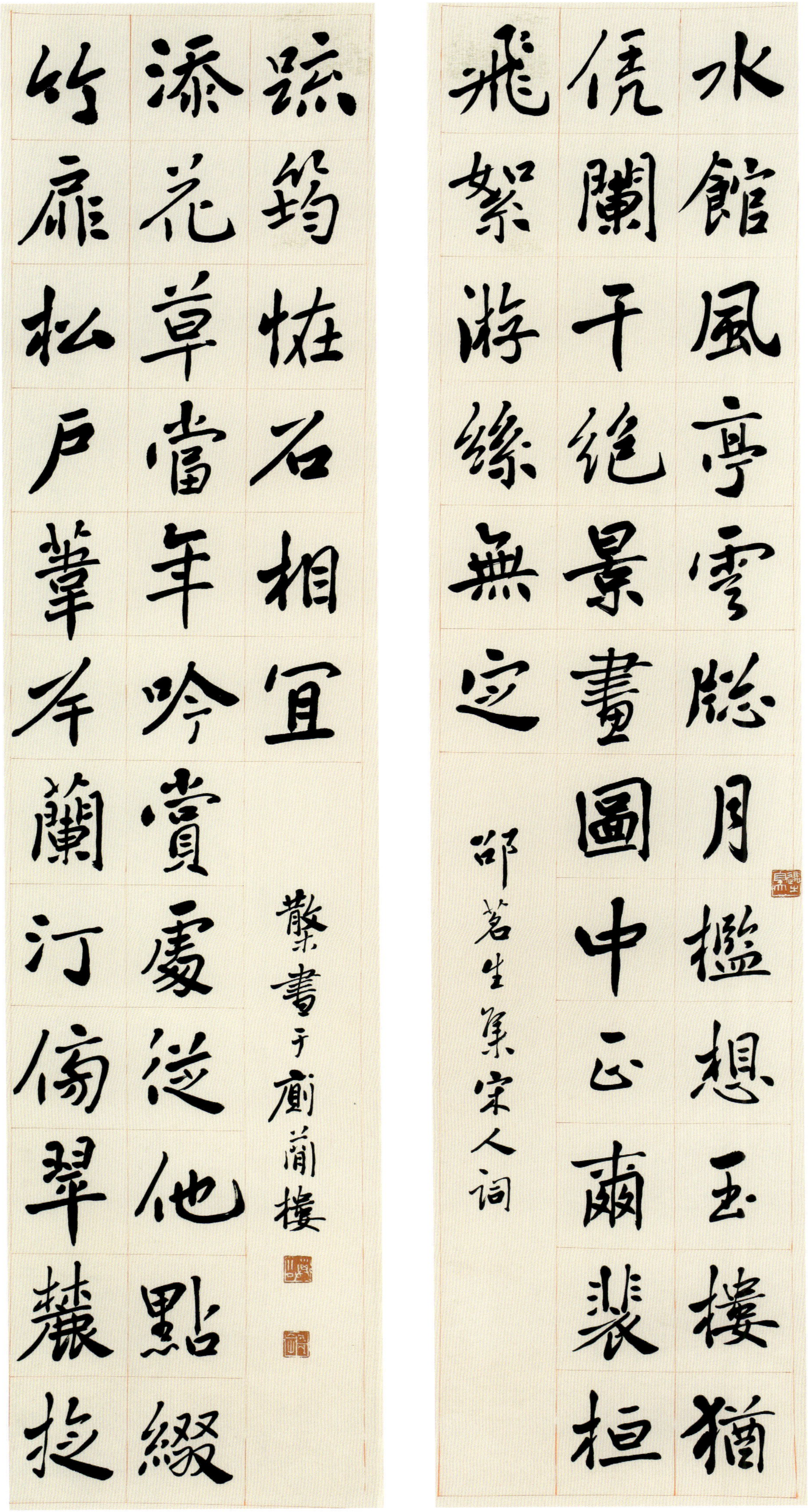

水館風亭雲總月檻想玉樓猶
倚闌干絕景畫圖中正爾裴桓
飛絮游絲無定
邵茗生集宋人詞
蹤跡惟石相宜
添花草當年吟賞處從他點綴
竹扉松戶葦岸蘭汀倚翠蒹旋
散木書于廁簡樓

集宋人词　行书　纸本　137.3厘米×34.3厘米

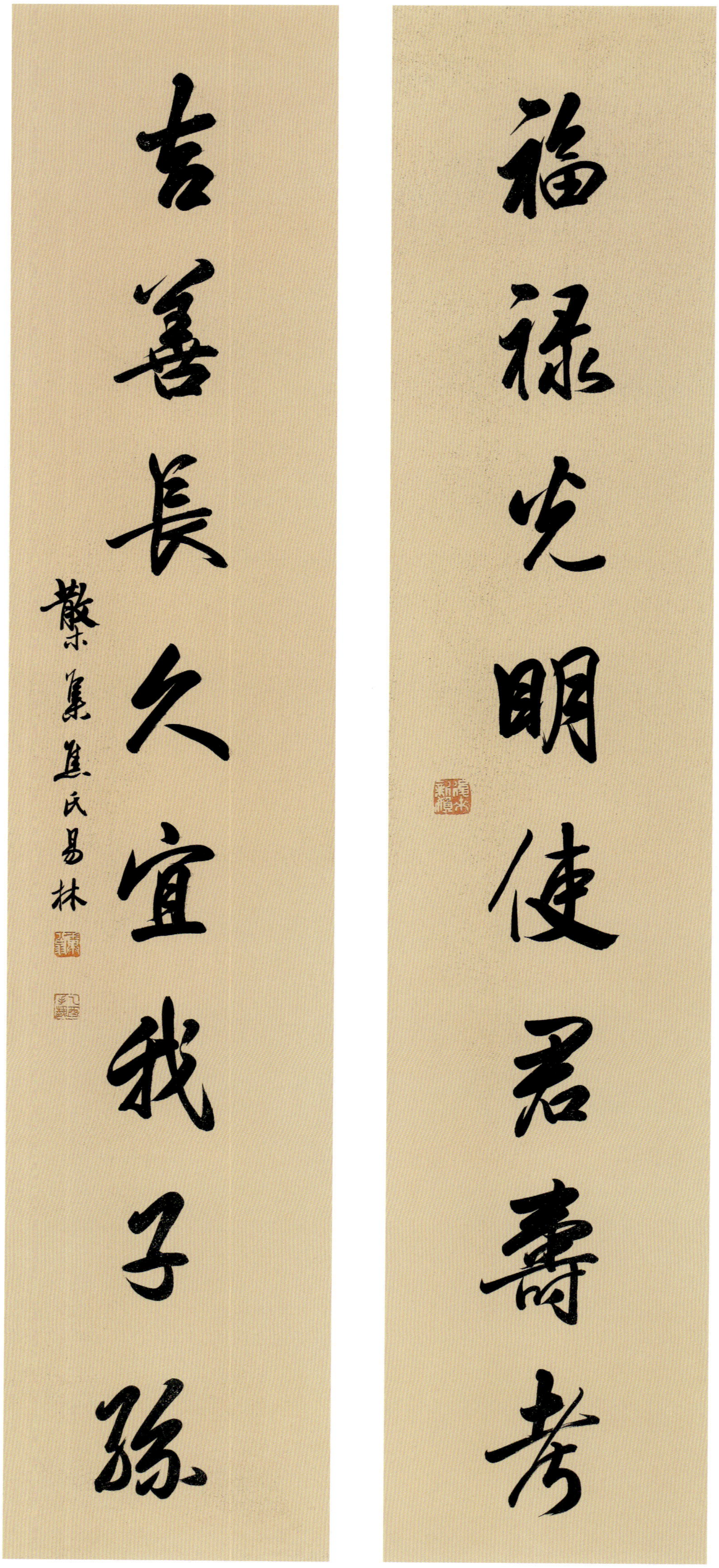

集焦氏易林　行书　纸本　197.1厘米×41厘米

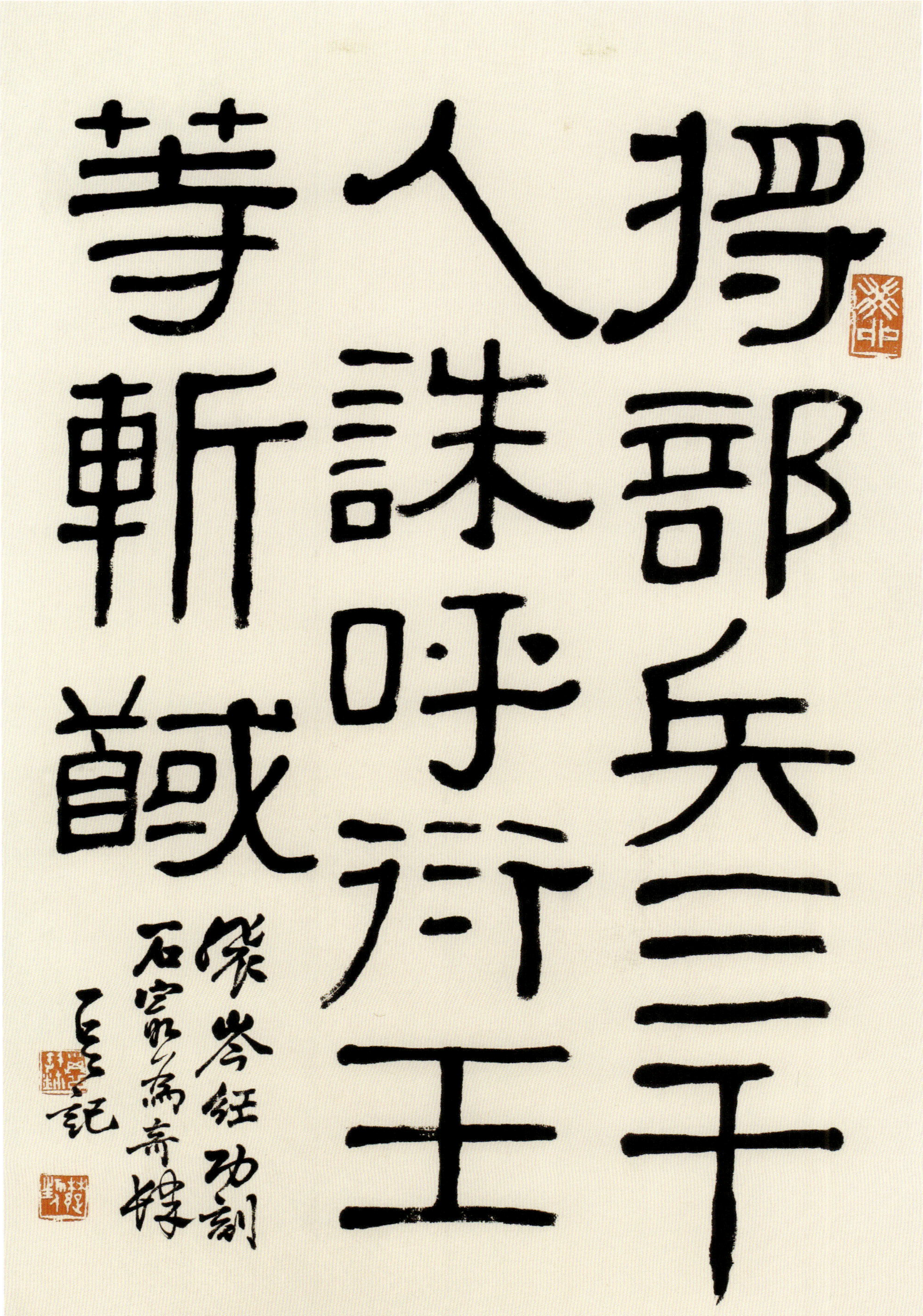

临裴岑纪功刻石　隶书　纸本　49.9厘米×34.2厘米

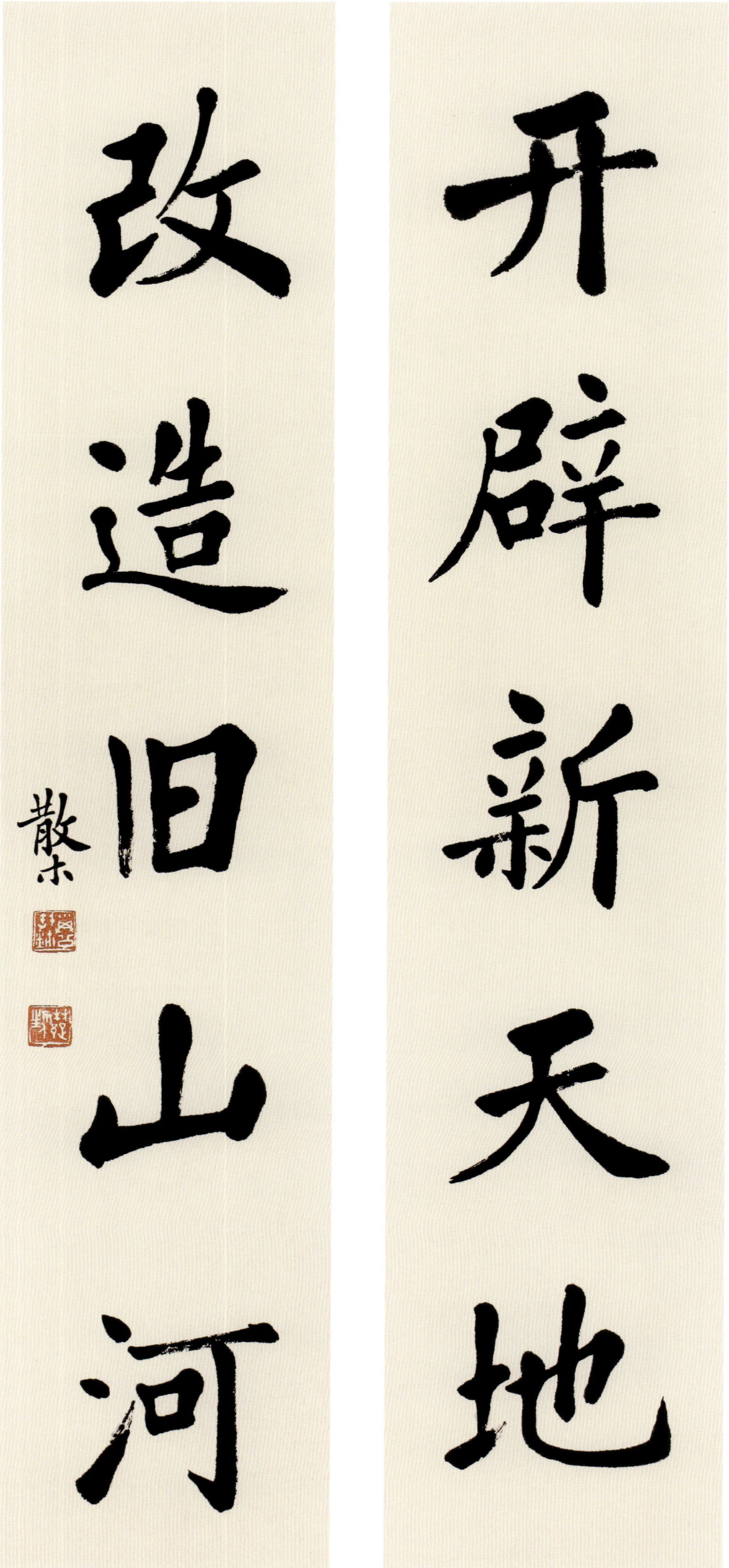

“开辟新天地”联　楷书　纸本　69.4 厘米×13.8厘米

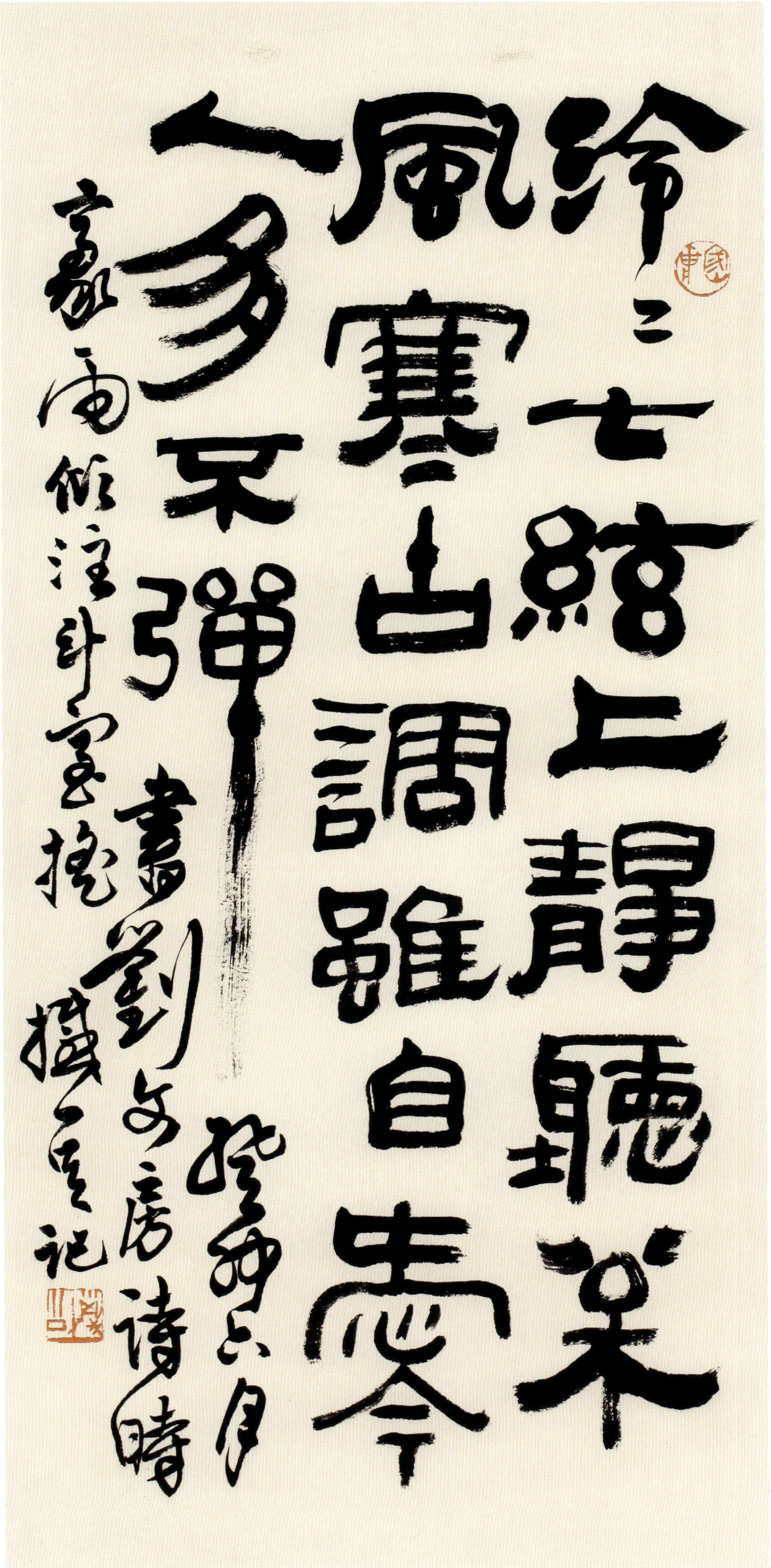

刘文房诗　隶书　纸本　66.5厘米×30.8厘米

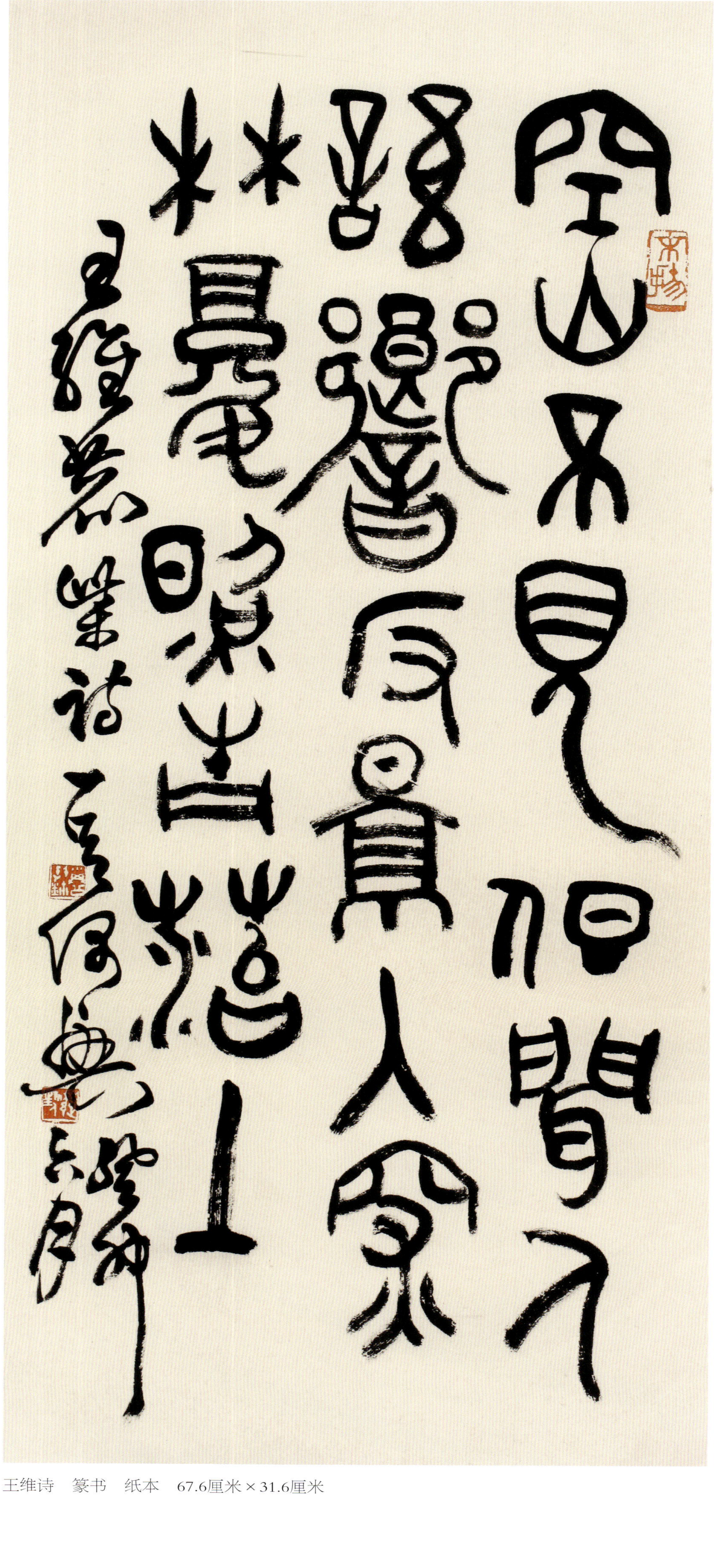

王维诗　篆书　纸本　67.6厘米×31.6厘米

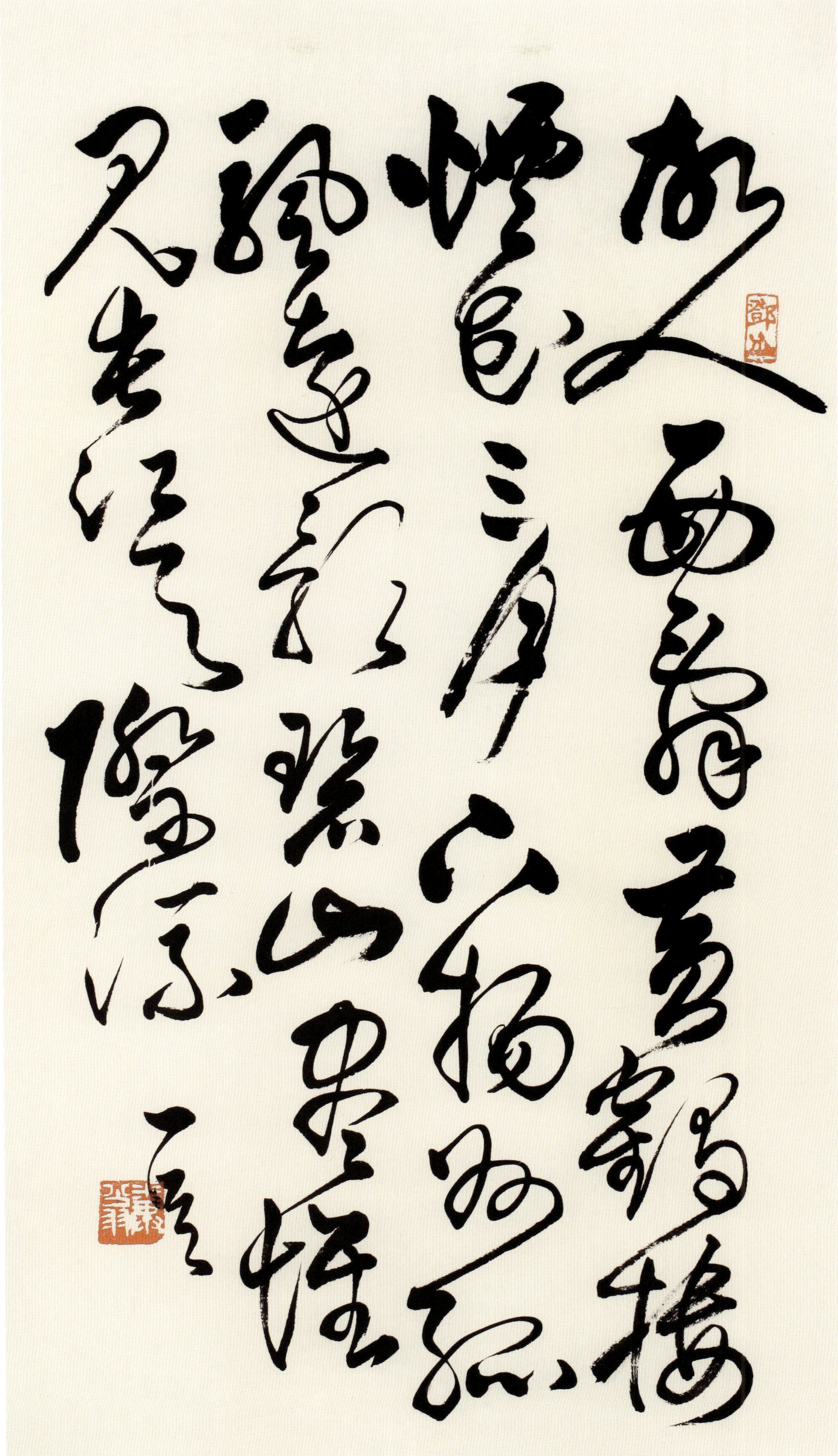

李白诗　草书　纸本　60.3厘米×33.1厘米

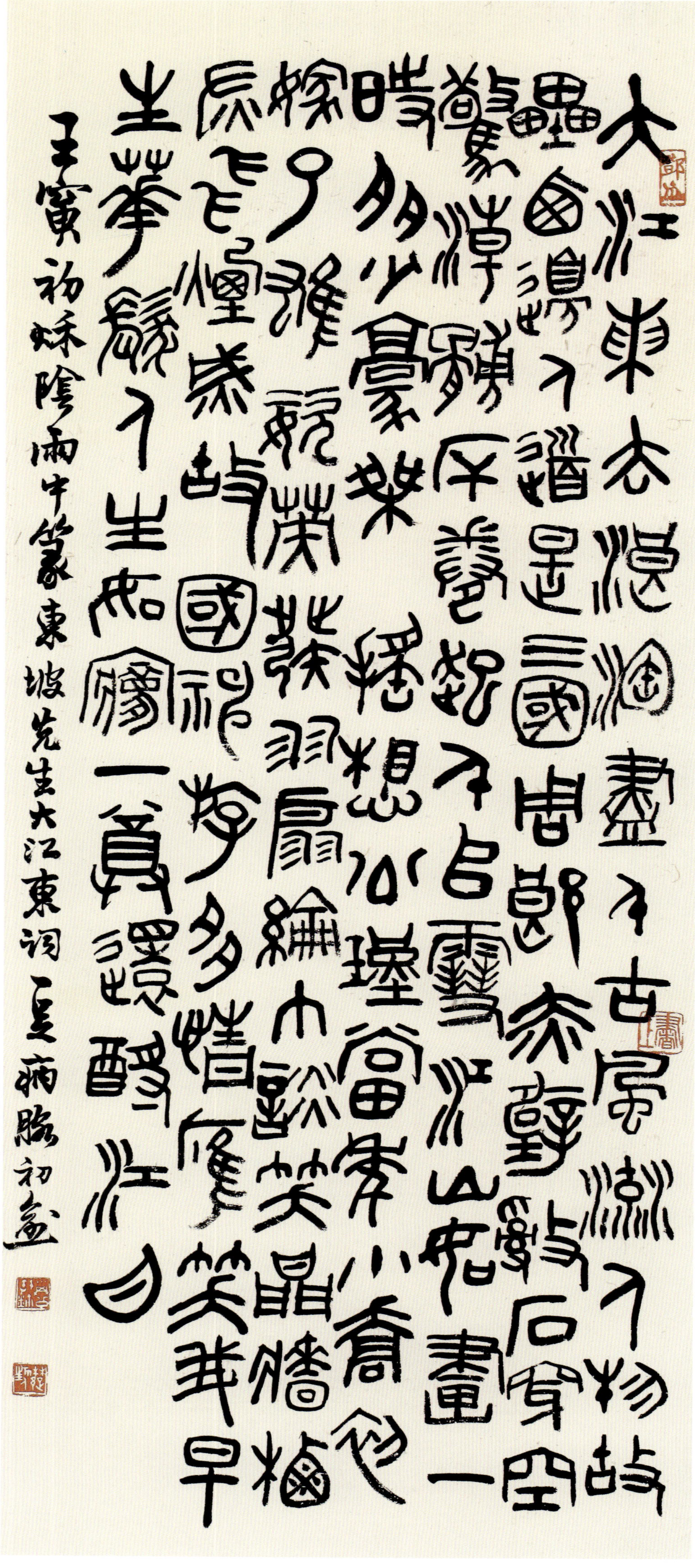

东坡《赤壁怀古》　篆书　纸本　80.3厘米×34.5厘米

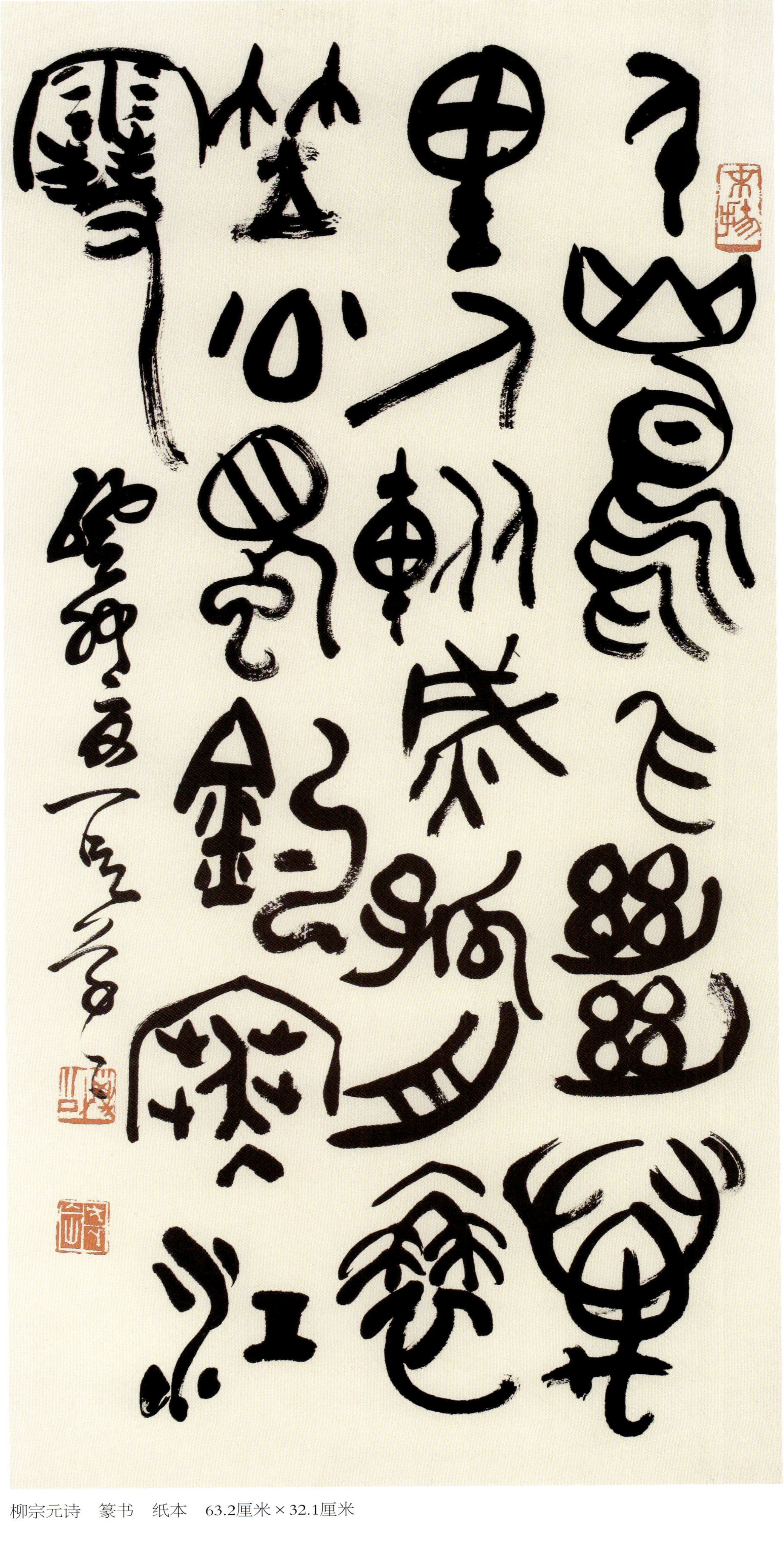

柳宗元诗　篆书　纸本　63.2厘米×32.1厘米

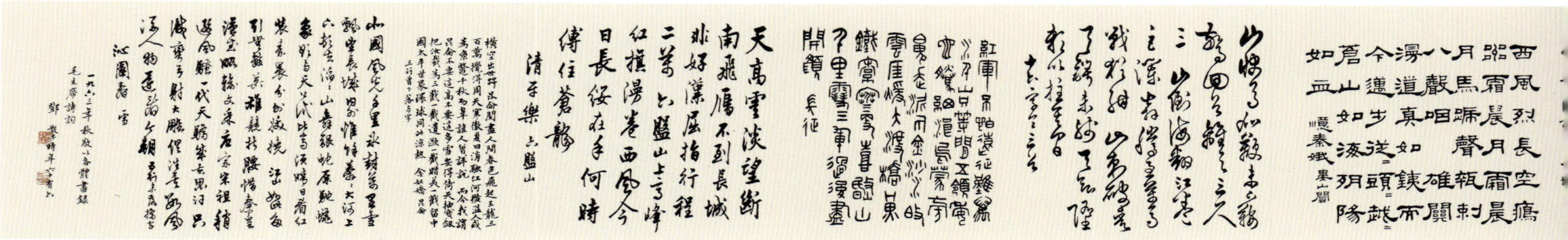

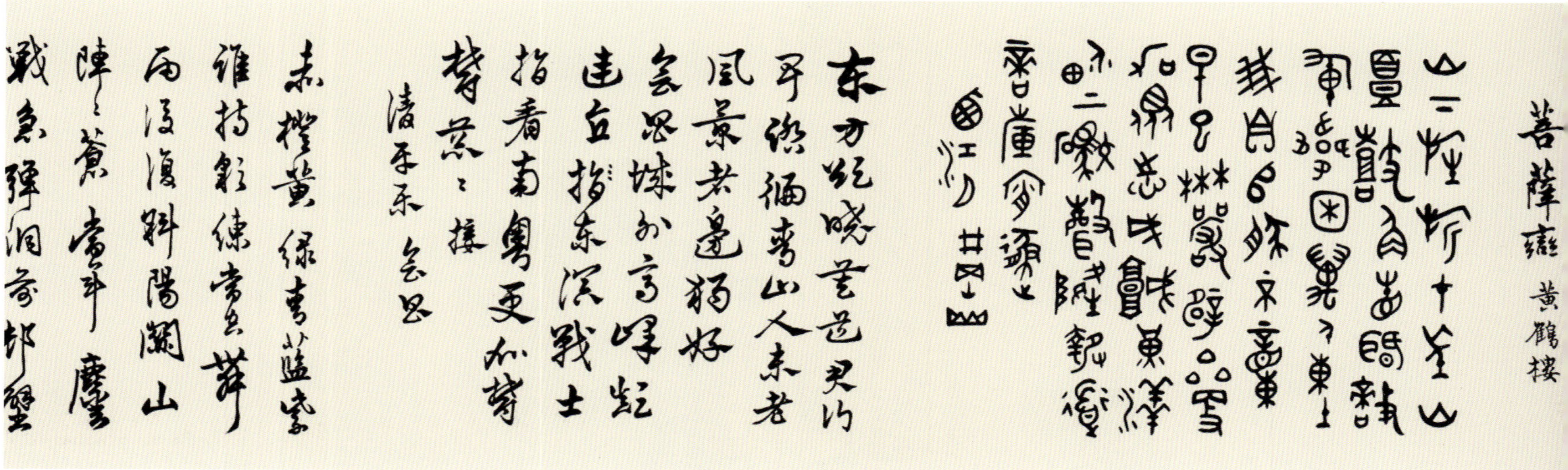

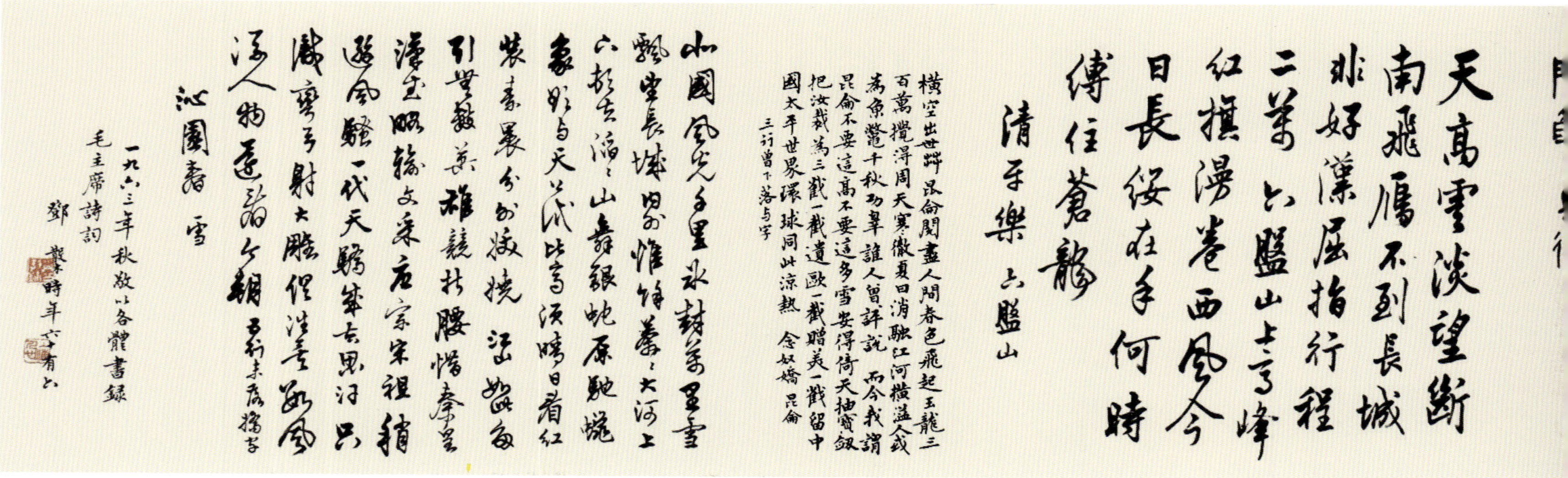

毛泽东诗词多体书长卷　纸本　30.5厘米×422厘米

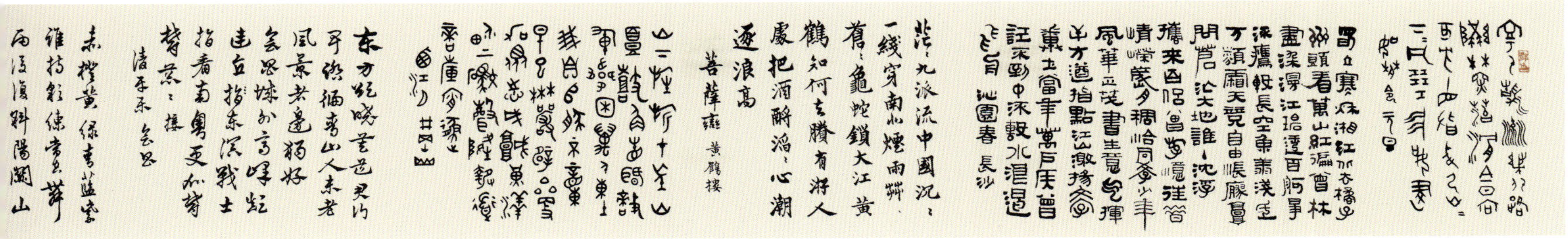

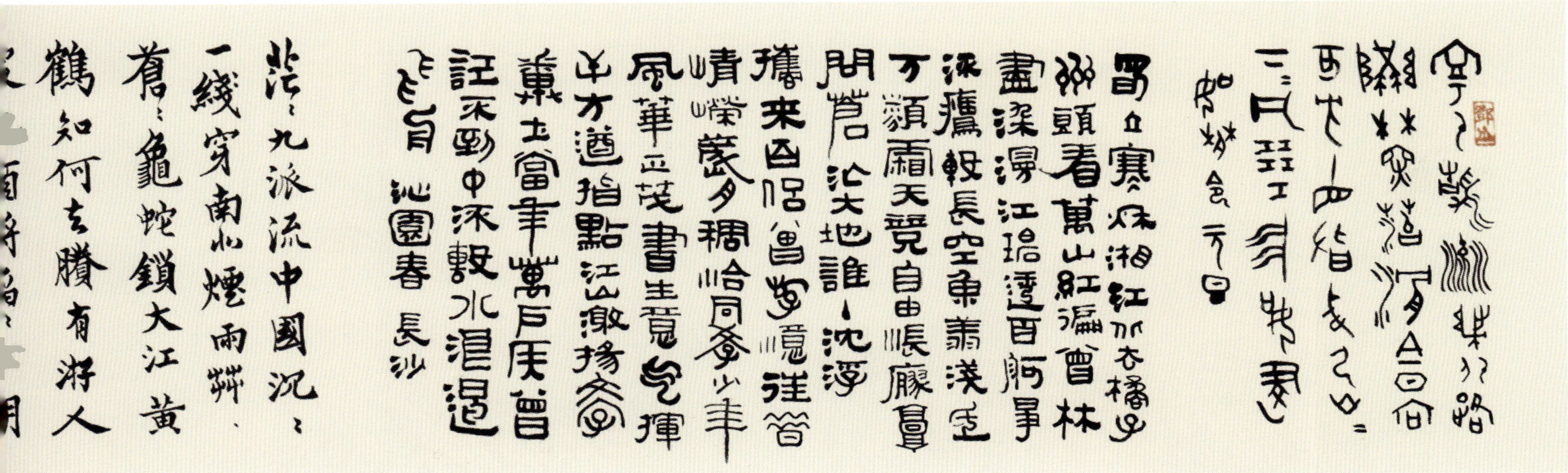

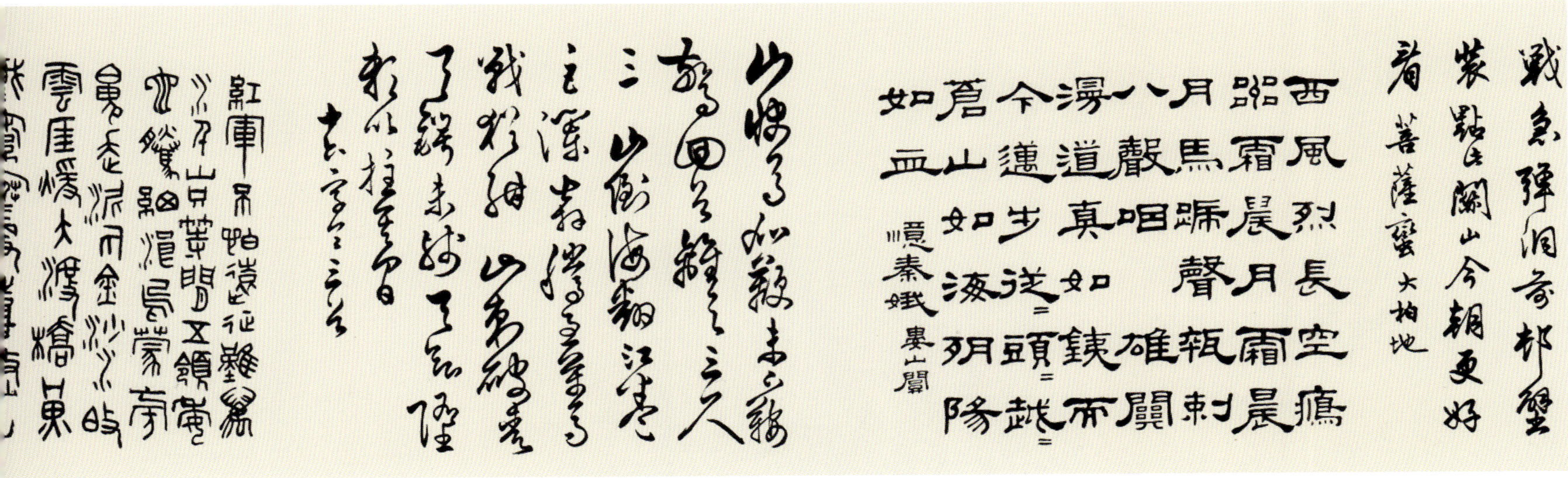

竹石图轴　纸本　61.1厘米×32.1厘米

墨竹图轴　纸本　140.9厘米×33.3厘米

墨竹图轴　纸本　102.2厘米×33.2厘米

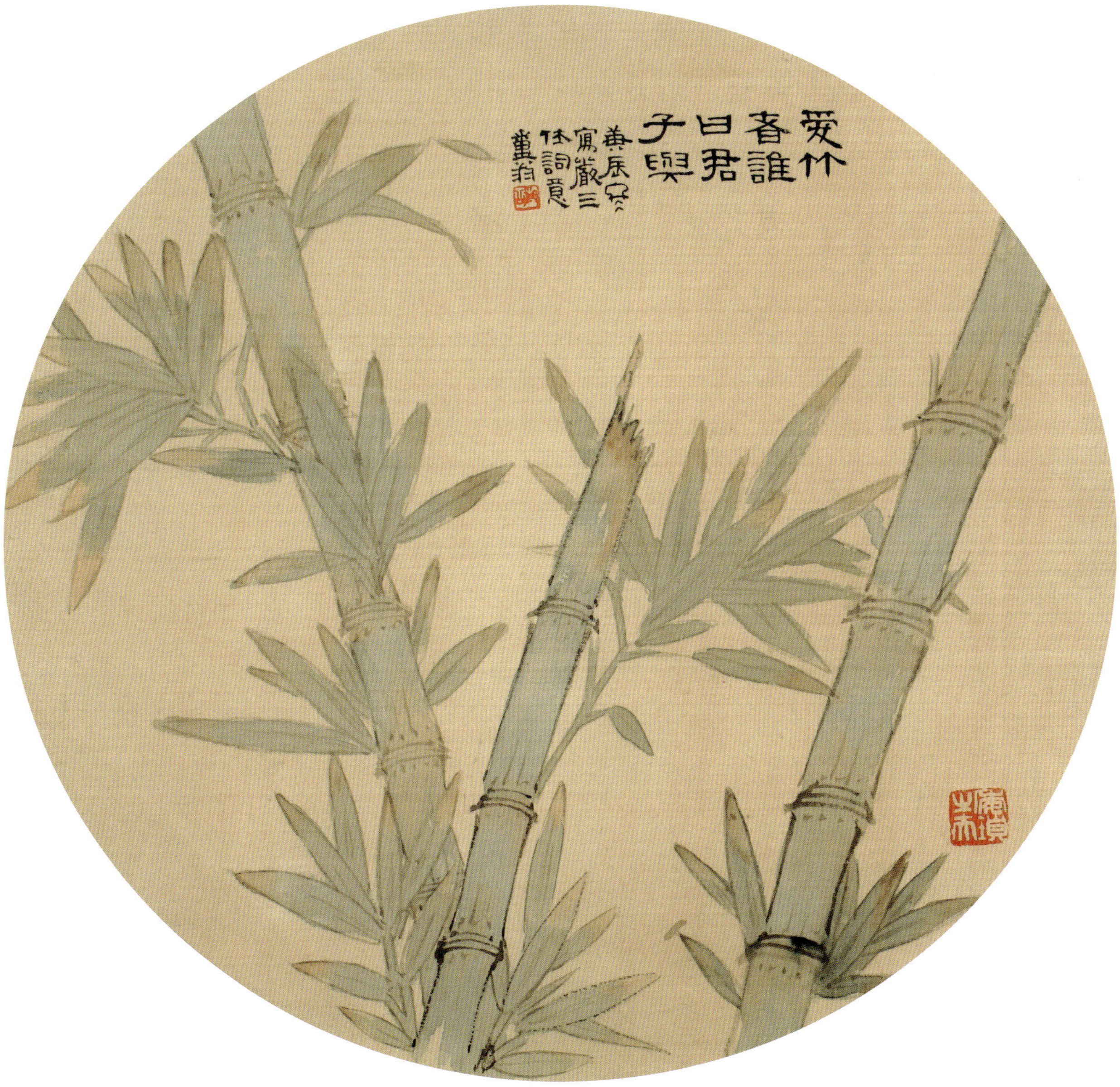

尹三休词意扇面　绢本　直径27厘米

羽玢诗意扇面　纸本　18.6厘米×53厘米

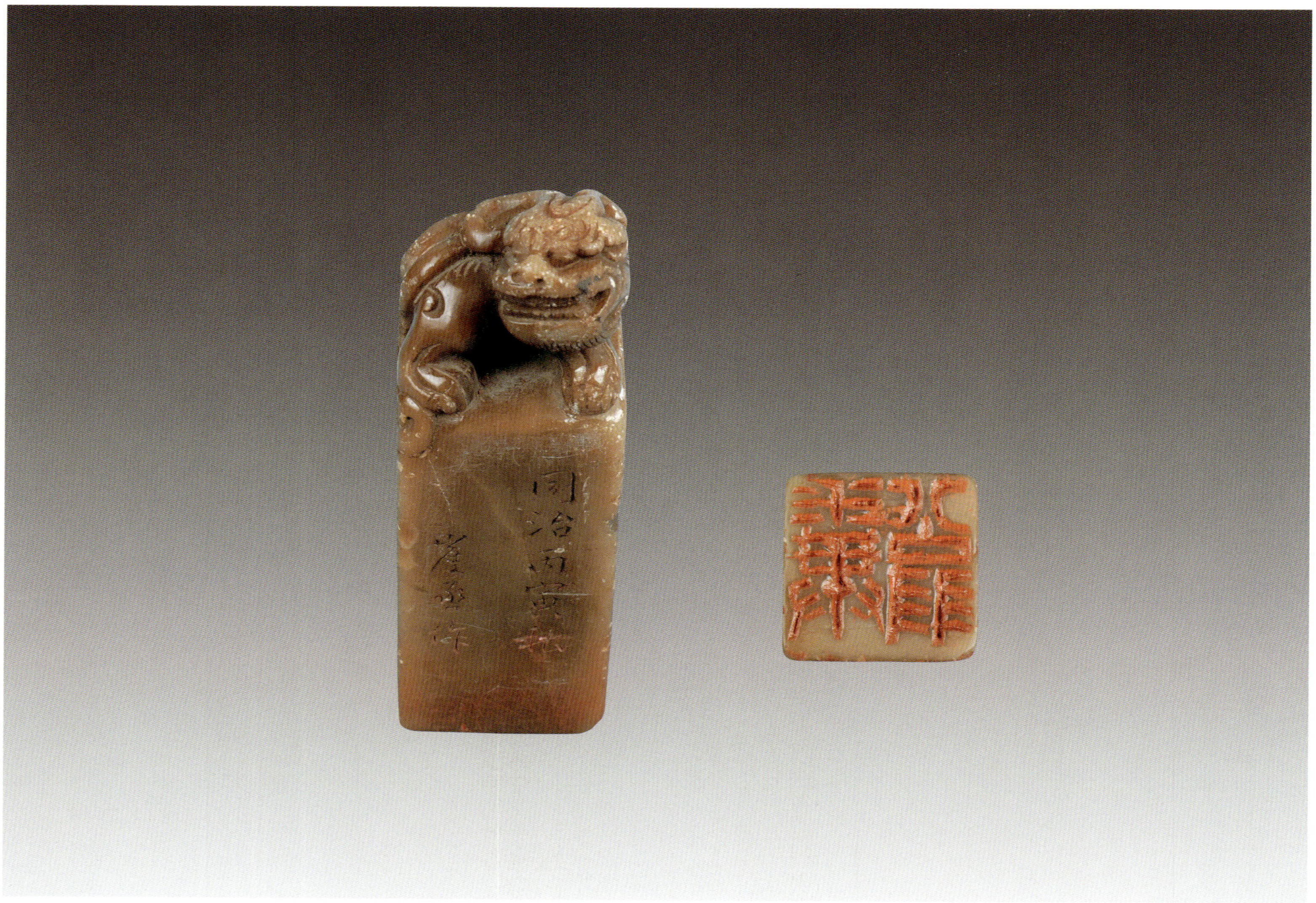

龚翁　寿山石　3.2厘米×3.2厘米×10厘米

龚翁　玉　2.4厘米×2.4厘米×2.2厘米

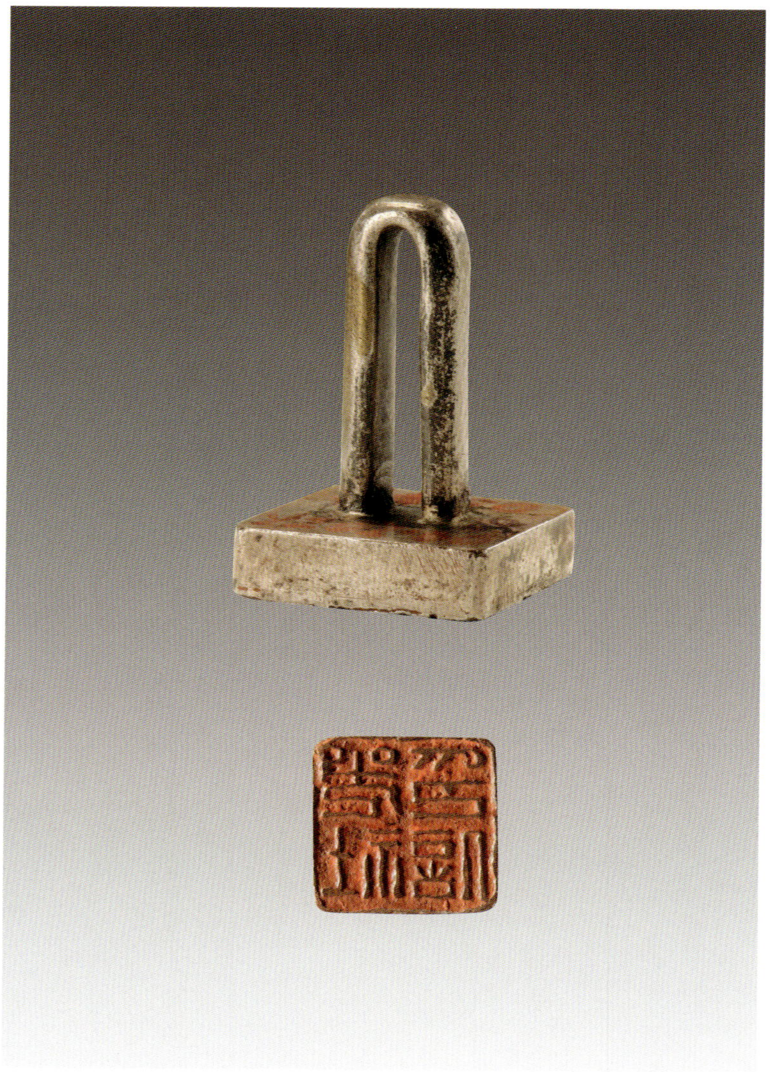

哭社印信　银　1.6厘米×1.6厘米×2.5厘米

风苏雨腻江南春　象牙　1.2厘米×2.6厘米×2.9厘米

罗侯之印　青田石　2.2厘米×2厘米×4.9厘米

毛主席咏昆仑山词一阕　青田石　7.6厘米×7.7厘米×5.6厘米

毛主席著《沁园春·长沙》 青田石 5.9厘米×5.9厘米×10.4厘米

独立寒秋 白冻石 3.4厘米×3.4厘米×4.7厘米

湘江北去 白冻石 3.4厘米×3.4厘米×4.7厘米

橘子洲头　白冻石　3.5厘米×3.5厘米×5.2厘米

看万山红遍　白冻石　3.4厘米×3.4厘米×5.5厘米

层林尽染　白冻石　3.4厘米×1.5厘米×3.3厘米

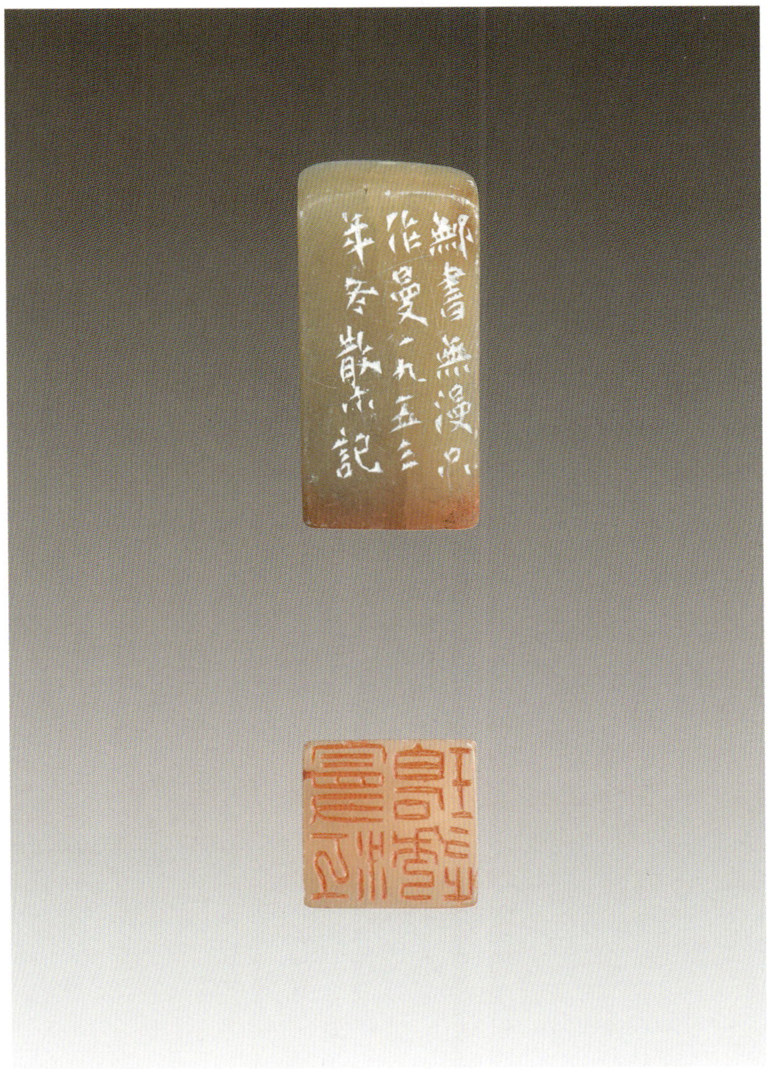

漫江碧透　白冻石　2.4厘米×2.4厘米×4.8厘米

百舸争流　青田石　3.6厘米×3.7厘米×3.6厘米

鹰击长空　青田石　3.5厘米×3.7厘米×4厘米

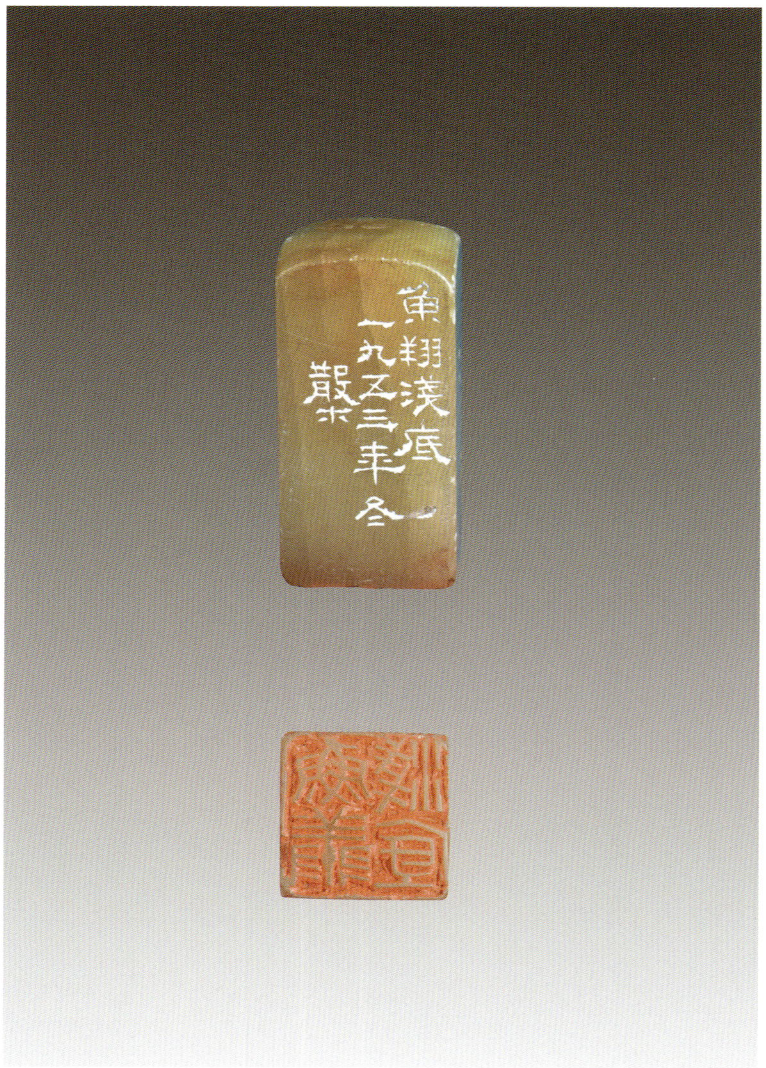

鱼翔浅底　白冻石　2.4厘米×2.4厘米×4.9厘米

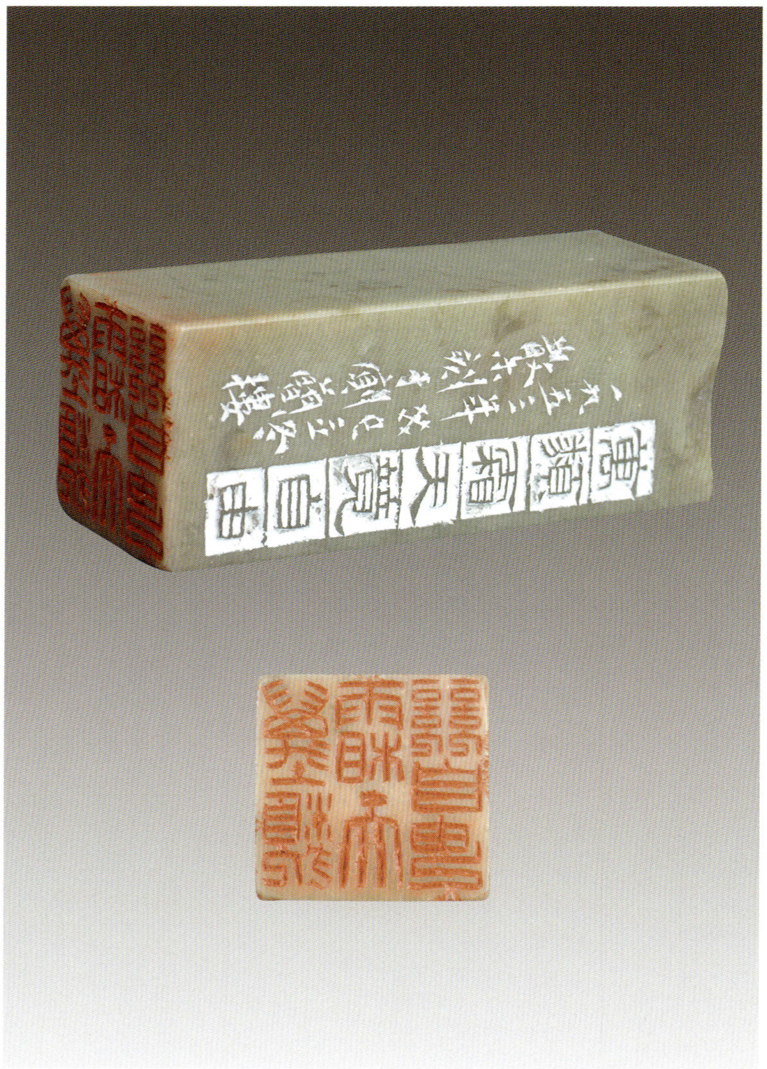

万类霜天竞自由　青田石　3.1厘米×3.1厘米×7.6厘米

怅寥廓　白冻石　1.9厘米×1.9厘米×5.2厘米

问苍茫大地　青田石　3.3厘米×3.5厘米×3.5厘米

谁主沉浮　青田石　2.8厘米×2.8厘米×6.1厘米

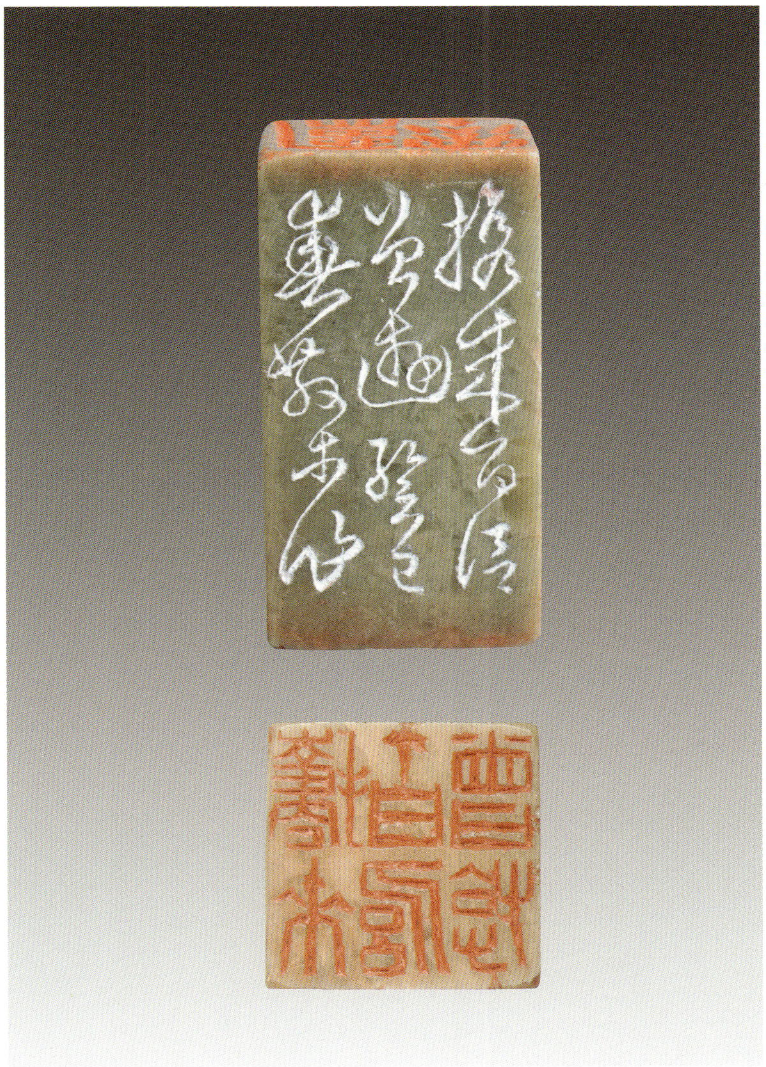

携来百侣曾游　青田石　3.6厘米×3.6厘米×6.8厘米

忆往昔峥嵘岁月稠　青田石　3.8厘米×3.8厘米×6厘米

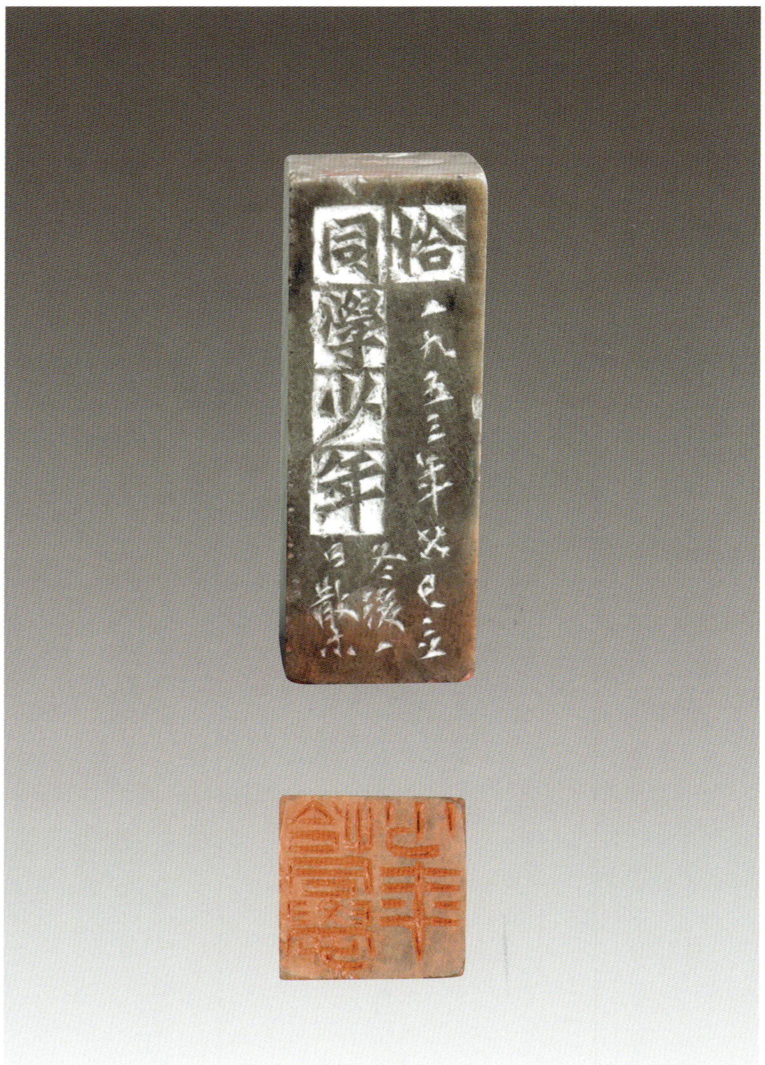

恰同学少年　青田石　2.5厘米×2.5厘米×6.8厘米

风华正茂　青田石　2.5厘米×2.5厘米×6.8厘米

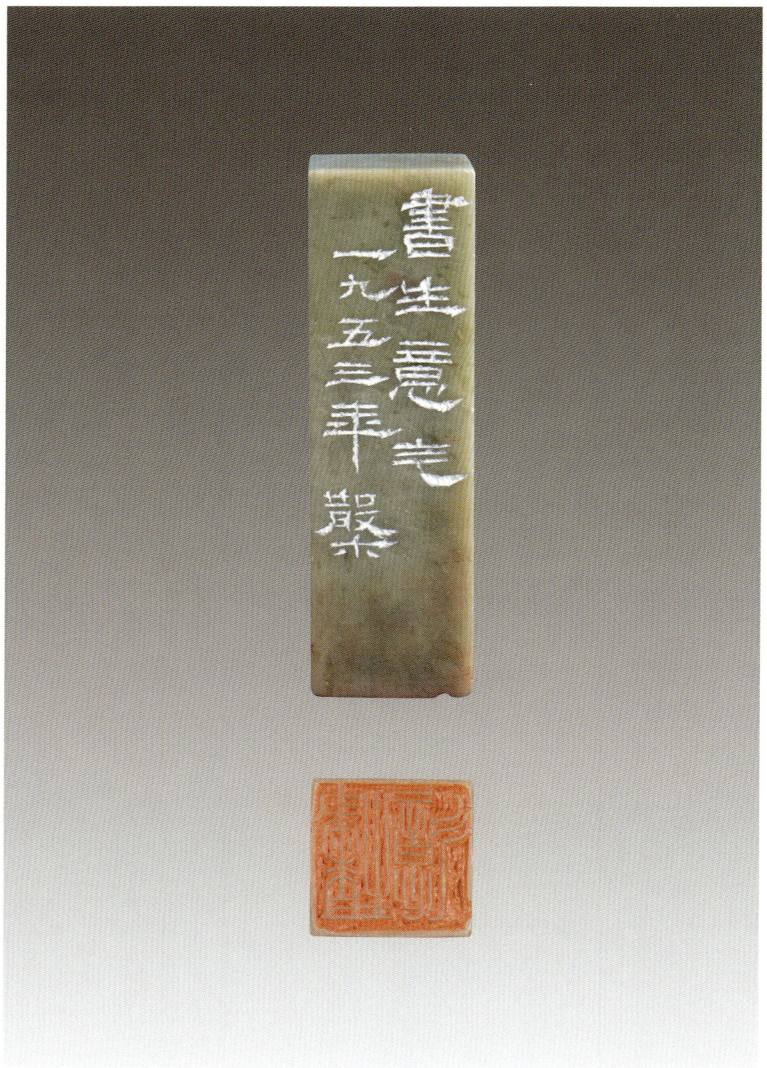

书生意气　青田石　2.1厘米×2.1厘米×7.1厘米

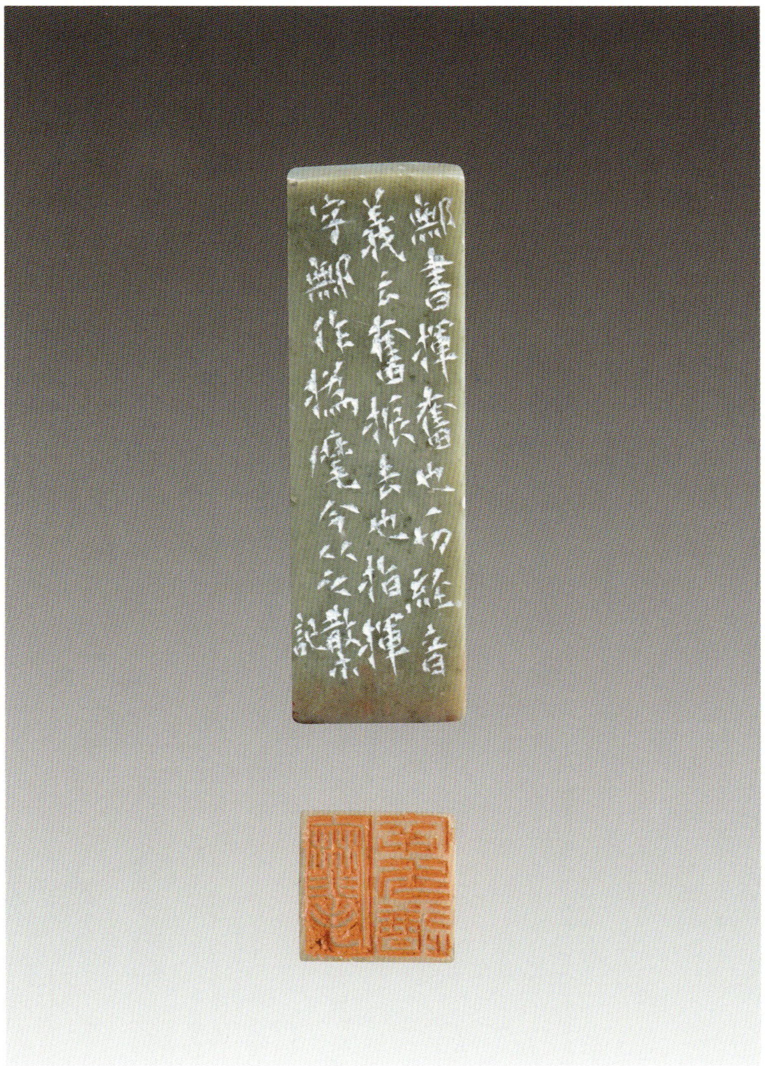

挥斥方遒　青田石　2.1厘米×2.1厘米×6.9厘米

指点江山　青田石　2厘米×2厘米×6.5厘米

激扬文字　青田石　2.2厘米×2.2厘米×7厘米

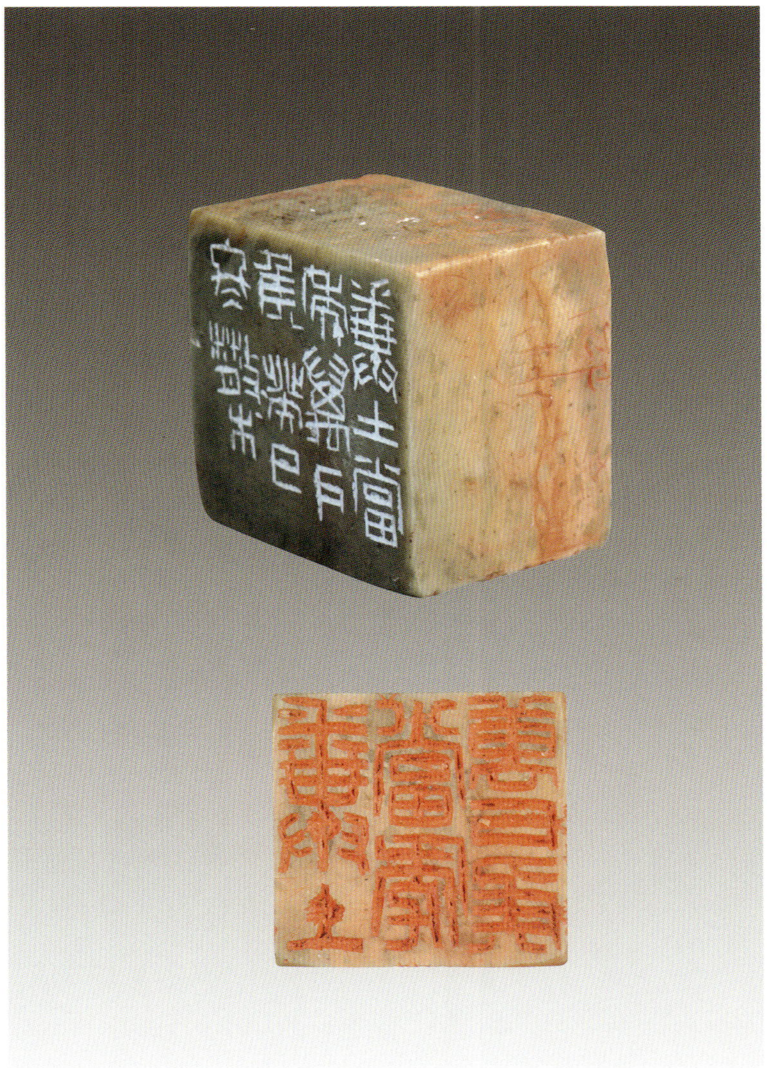

粪土当年万户侯　青田石　3.8厘米×4厘米×2.9厘米

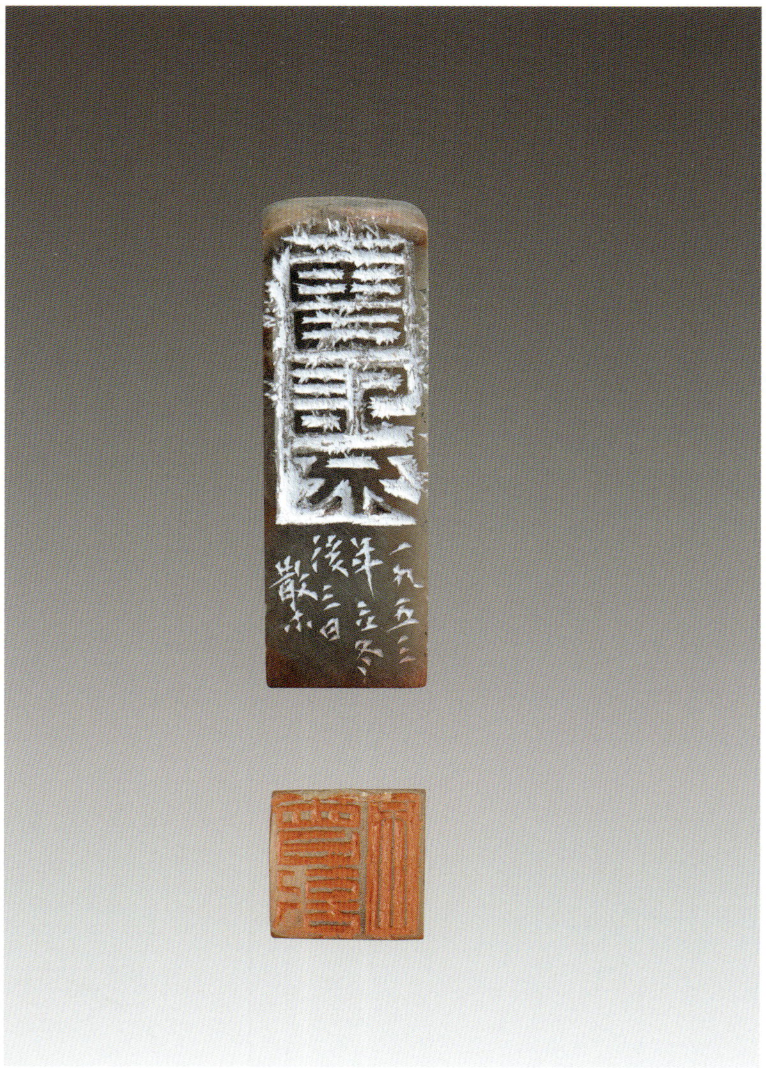

曾记否　昌化石　2厘米×2厘米×6.1厘米

到中流击水　白冻石　4.2厘米×1.5厘米×1.9厘米

浪遏飞舟　青田石　4厘米×3.4厘米×7.5厘米

《篆刻学》（日文版）封面

《篆刻学》封面

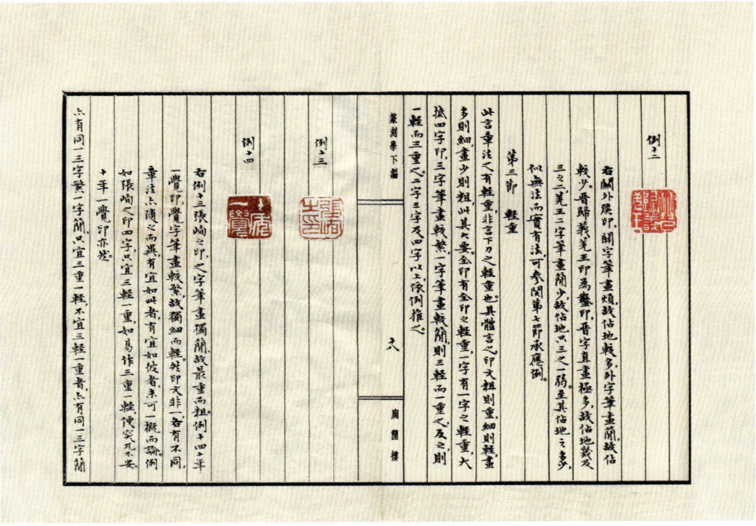

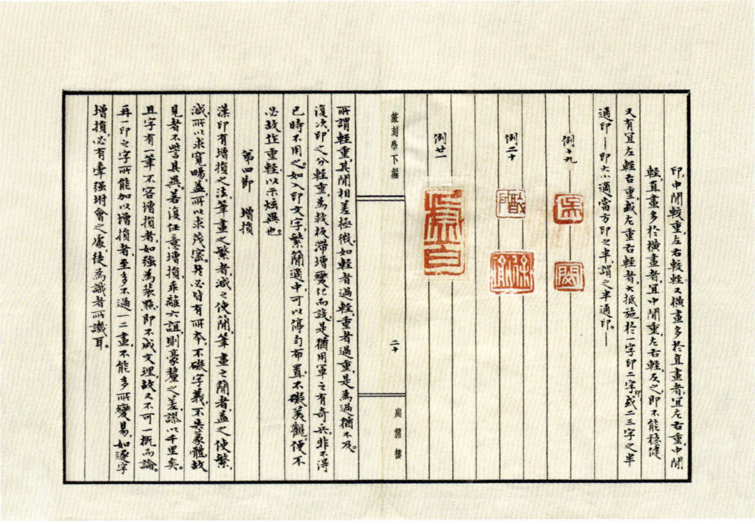

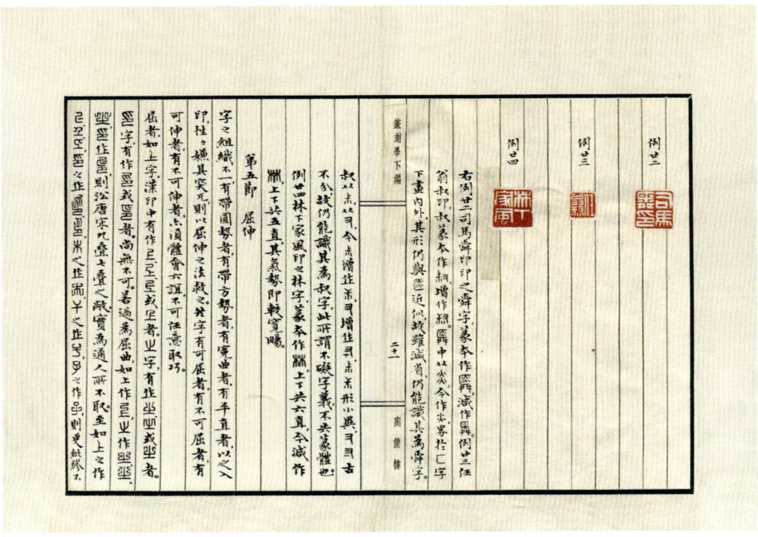

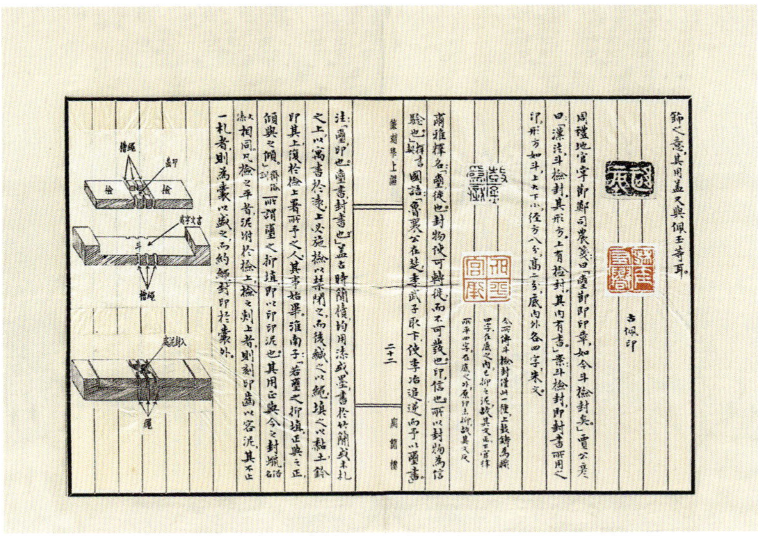

《篆刻学》内文

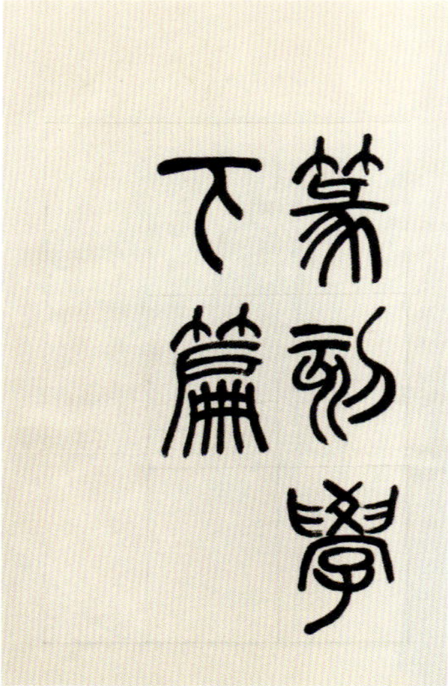

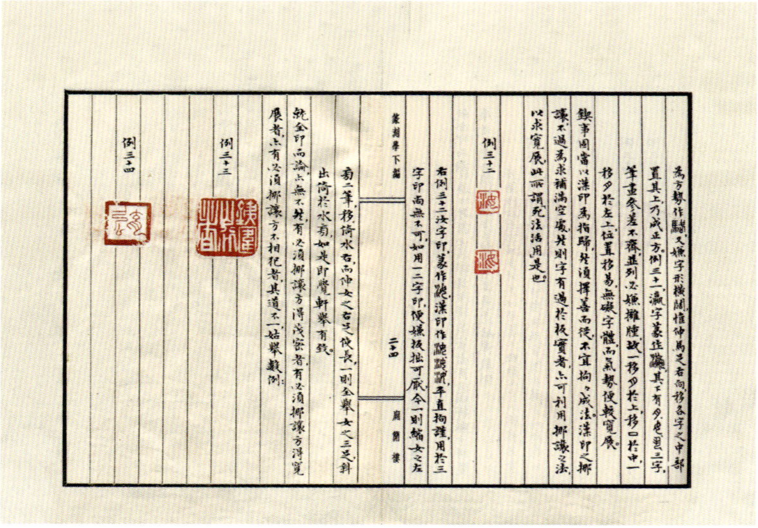

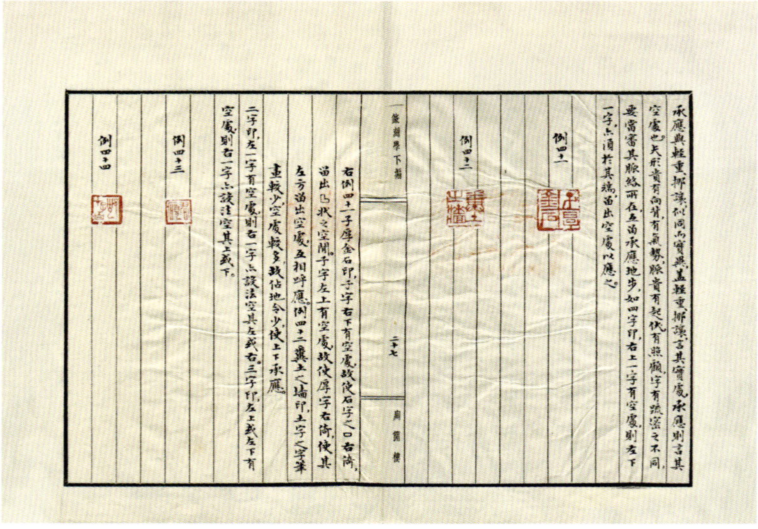

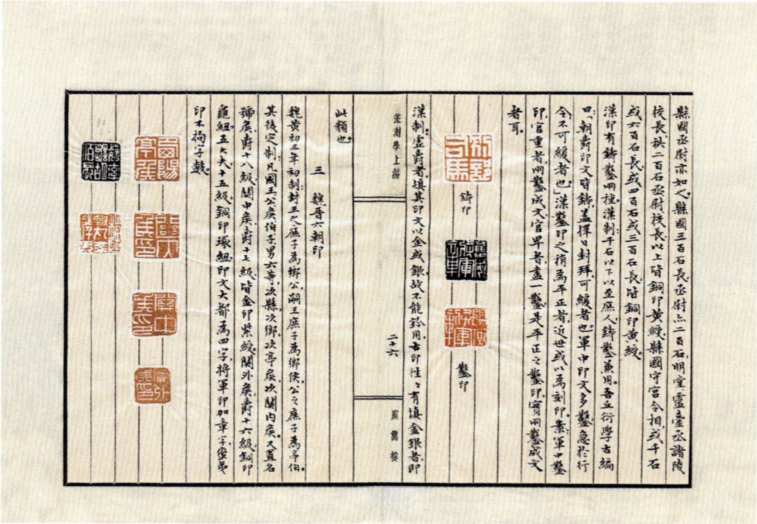

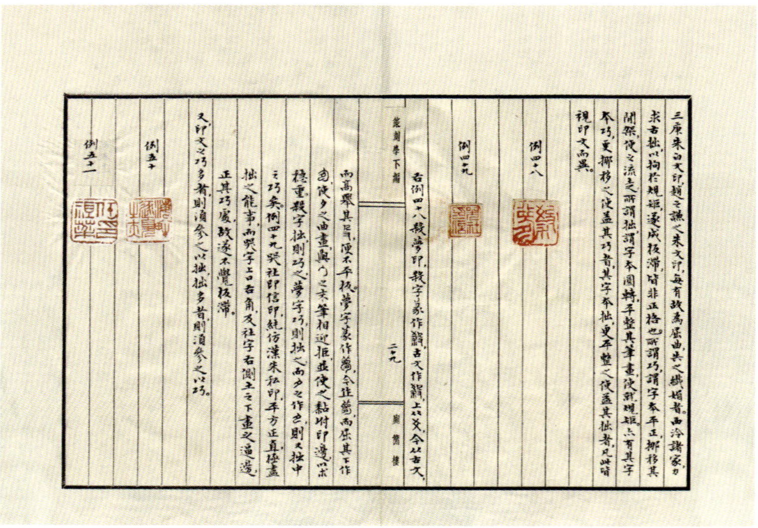

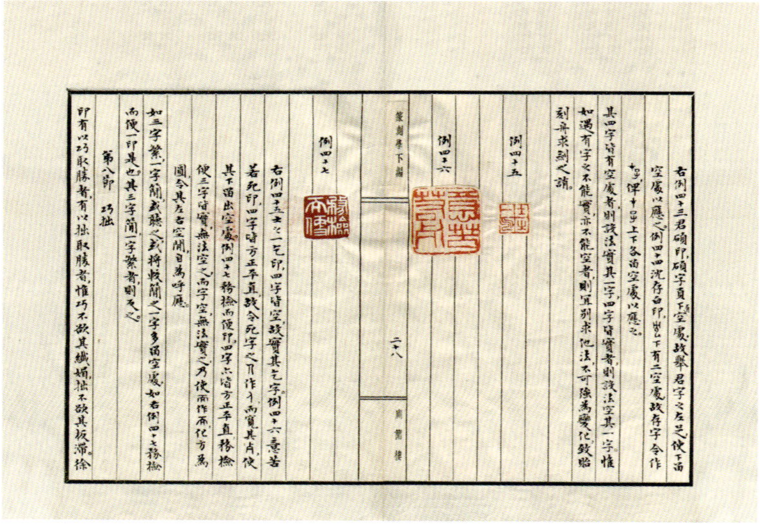

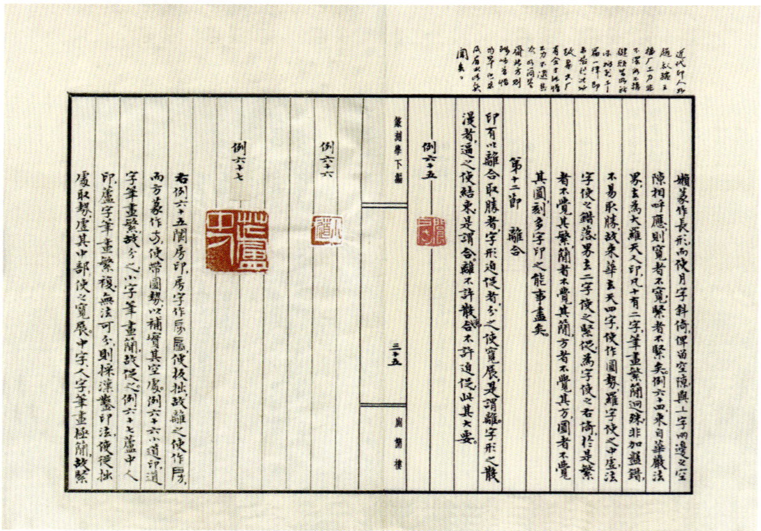

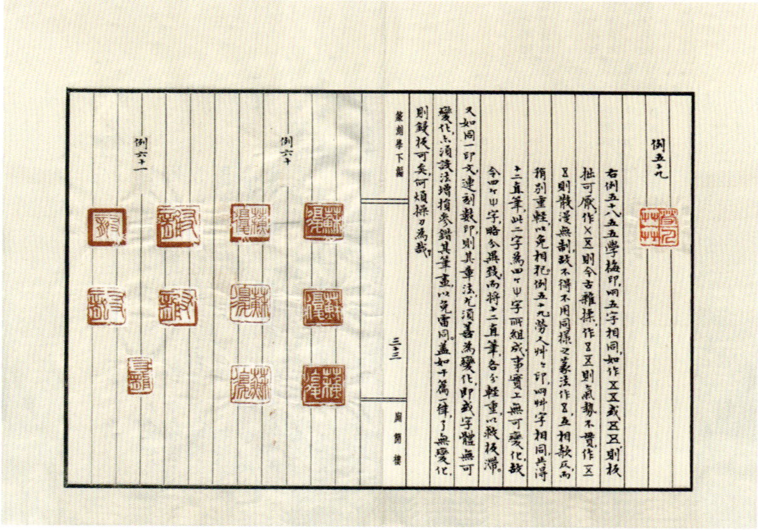

《篆刻学》内文

自然 ZI RAN

黑龙江满洲龙骨架化石　中生代白垩纪　高417厘米　体长1100厘米　嘉荫龙骨山

霸王龙牙齿　中生代白垩纪　嘉荫龙骨山

恐龙下牙床　中生代白垩纪　嘉荫龙骨山

恐龙头骨　中生代白垩纪　嘉荫龙骨山

松花江猛犸象　第四纪更新世晚期　高333厘米　长545厘米　黑龙江省肇源县

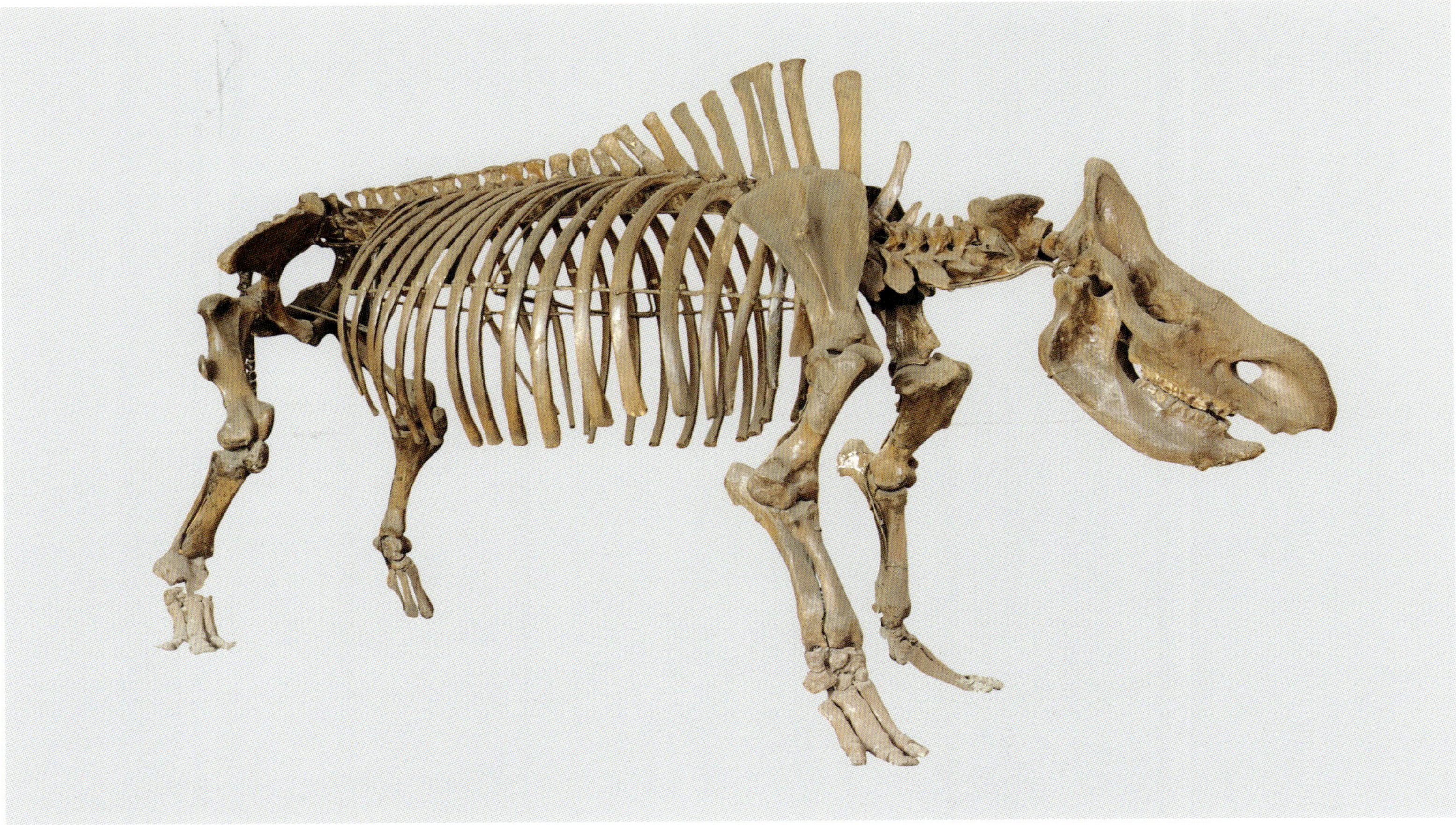

披毛犀　第四纪更新世晚期　高205厘米　长402厘米　黑龙江省富拉尔基

原始牛头骨　第四纪更新世晚期　高45厘米　宽110厘米　内蒙古扎赉诺尔

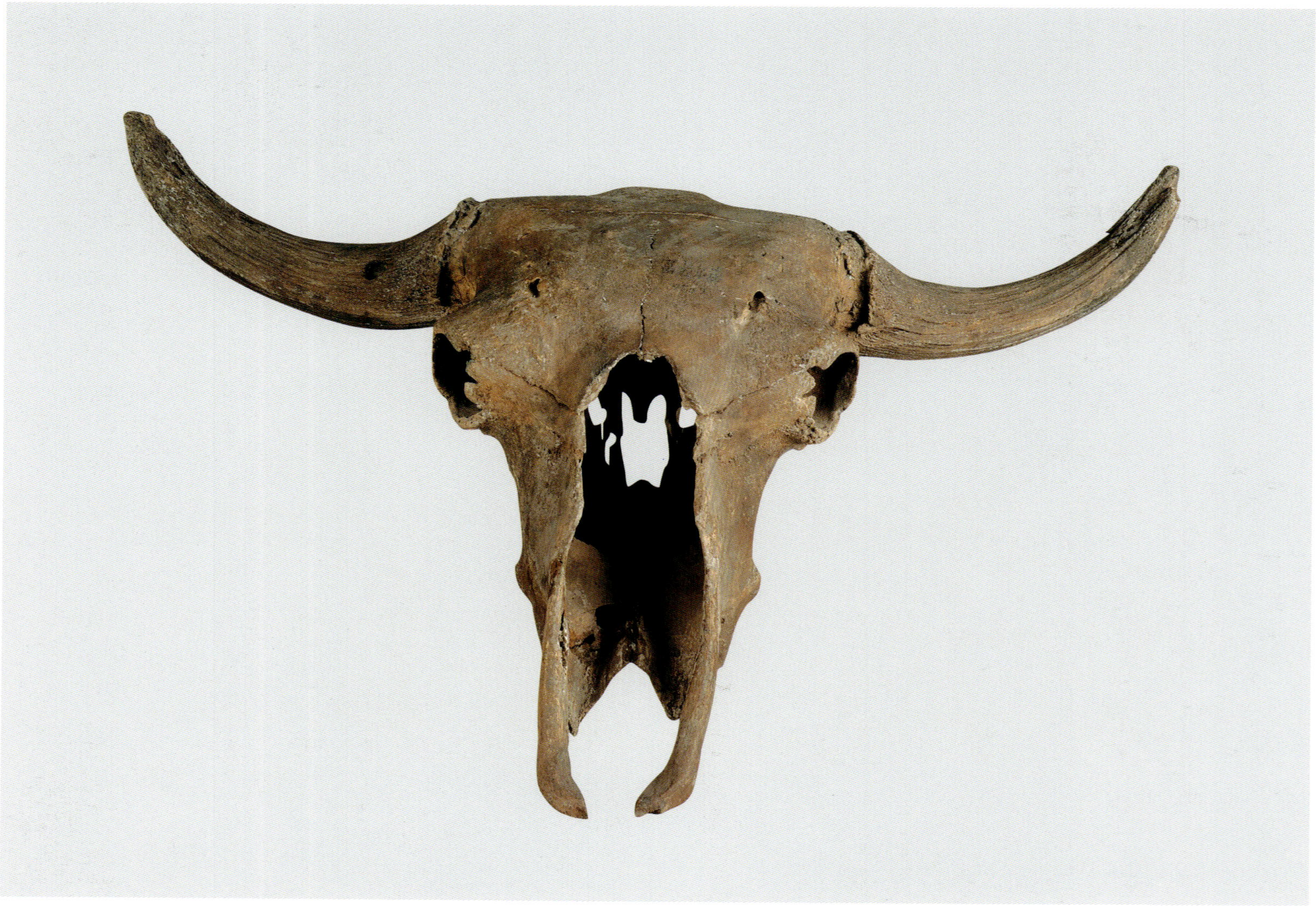

东北野牛头骨　第四纪更新世晚期　宽90厘米　长60厘米　黑龙江省黑河

马鹿角　第四纪更新世晚期　宽110厘米　高140厘米　黑龙江肇源县

普氏野马头　第四纪更新世晚期　长54厘米　宽22厘米　高27厘米　内蒙古扎赉诺尔

虎头骨　第四纪更新世晚期　长31厘米　宽17厘米　高16厘米　黑龙江省海拉尔

猛犸象门齿（一对）　第四纪更新世晚期　长305厘米　黑龙江省宾县

植物腊叶标本（共计三万余件） 采集于二十世纪一、二十年代至六、七十年代

大蓝闪蝶　长10.5厘米　宽14厘米

红颈鸟翼凤蝶　长8.5厘米　宽12.5厘米

蓝斑猫头鹰环蝶　长10厘米　宽12厘米

喙凤蝶　长9厘米　宽8.5厘米

中华虎凤蝶　长5厘米　宽4.5厘米　中国特有珍稀种类

绿带翠凤蝶　长9.5厘米　宽10厘米

达氏鳇　长320厘米

史氏鲟　长200厘米

哲罗鲑　长78厘米　高18厘米

鳜鱼　长74厘米　高23厘米

长春鳊　长33厘米　高20厘米

丹顶鹤　长150厘米

金雕　长 80厘米

雕鸮　长 80厘米

乌林鸮　长60厘米

雪鸮　长 58厘米

花尾榛鸡　长35厘米

貂熊　长80厘米　宽28厘米　高40厘米

紫貂　长35厘米　宽15厘米

驼鹿　长210厘米　高205厘米

豹　长120厘米　宽40厘米　高50厘米

鬣羚　长150厘米　宽58厘米　高135厘米

马鹿　长200厘米　宽75厘米　高210厘米

驯鹿　长170厘米　高120厘米　宽60厘米

豺　长50厘米　高40厘米　宽20厘米

东北虎　长140厘米　宽90厘米　高40厘米

梅花鹿　长170厘米　高 170厘米　宽 150厘米

牛羚　长170厘米　高145厘米

后　　记

集萃成书的过程其实就是一个圆梦的过程，今天她圆了龙博人几近90年的梦想。当捧起这沉甸甸的《精粹》的时候，龙博人总会思绪万千、感触良多。在黑龙江这方人杰地灵、物华天宝的悠悠黑土上，既蕴藏了丰饶的自然资源，同时又孕育了灿烂的古代文明。黑龙江省博物馆作为这片土地上的一扇窗口，它收藏了大量的自然标本、文物和艺术精品。如何将这些精美的藏品汇编成册，推向世界从而宣扬黑土文化，成为我们龙博人的一个梦想。今天这一梦想终于得以实现了，我们当代龙博人倍感欣喜与自豪，同时我们的内心又充满了感激之情——首先感谢龙博前辈们前仆后继为收藏工作所做出的巨大贡献，同时又要更多地感谢新一届领导班子的果决与不懈努力。

本书收列的藏品是经本馆历史部、自然部、邓散木艺术陈列馆、陈列部的业务人员精挑细选后产生的。信息中心负责编撰工作总程，鞠大伟、刘丽萍、杨秀娟、路瑶等同志承担了责任校对工作，历经六次样稿的编排打印。馆领导和业务研究人员对样稿进行了数次讨论，尤其是省文化厅专家组的老专家们曾专程为本《精粹》汇聚一堂，热情洋溢、语重心长地提出了许多中肯的建议，在此由衷地表示感谢。

在《精粹》中，我们尽力去体现本馆收藏工作的优势和特点，难免有以偏概全之处。以后我们还会陆续以专刊等形式发表，透过不同视角检索汇编的内容，以报答热爱黑龙江这方热土的广大朋友们！

编辑组

2011年12月